El Jacobinismo: (1867. 224 P.)...

José Gómez Hermosilla

EL JACOBINISMO,

OBRA ÚTIL

EN TODOS TIEMPOS

Y NECESARIA

EN LAS CIRCUNSTANCIAS PRESENTES.

SU AUTOR

DON JOSÉ GOMEZ HERMOSILLA.

TOMO II.

MADRID:

Imprenta de D. Leon Amarita, Plazuela de Santiago, núm. 1. — 1823.

NUMERO VII.

IGUALDAD.

Cuan grande sea la mala fe de los modernos reformadores y de sus maestros los pseudo-filósofos del siglo XVIII, queda ya probado en los precedentes artículos, y en los anteriores números del presente. En aquellos se ha visto con cuan refinada malicia han atribuido al pueblo una soberanía que jamas tuvo ni le puede convenir; han supuesto un contrato que nunca se celebró; han creado un estado de pura naturaleza, cuya realidad está desmentida por la historia, la tradicion, los viages, el raciocinio, y hasta por la misma organizacion de nuestra máquina; y han fingido un código anterior á la formacion de las sociedades, por el cual se le aseguran al hombre unos derechos imaginarios, á que las leyes positivas no pueden tocar so pena de sacrilegio, á los que no puede renunciar el individuo, y contra los cuales no se admite prescripcion, aunque jamas los hayamos poseido. En este artículo hemos visto tambien con cuanto énfasis y en qué términos tan vagos se han proclamado la libertad en general, y las llamadas civil, política, de industria, de conciencia y de imprenta; y que respecto de todas ellas, al lado de alguna verdad importante, y de otras ó muy triviales ó muy estériles, y las mas enseñadas ya por los antiguos filósofos y reconocidas por todos los legisladores, se han inculcado maliciosamente peligrosos errores, capaces de acabar con todas las sociedades si llegaran á generalizarse y adoptarse prácticamente.

Pero todo cuanto llevamos recorrido no es comparable en superchería y malignidad con lo que vamos á ver bajo el título de igualdad. Si hay en el mundo un hecho notorio, evidente, que salta á los ojos, que nadie puede negar, y cuya verdad estan palpando todos los hombres desde el Gefe de la nacion mas culta y poderosa hasta el último salvage de la tribu mas ignorante y mas pobre, es que los individuos de la especie humana no solo no son todos iguales, sino que no pueden serlo; y que cuando por imposible lo llegasen á ser un dia, en aquel se acababa la sociedad. Sin embargo, siendo el hecho tan público é innegable, ¡cuánta bulla se ha metido en el mundo con esa quimérica igualdad, que nadie odiaba tanto como sus mismos apóstoles, puesto que todos ellos aspiraban á ser los primeros hombres de la tierra, los corifeos de las naciones, y los árbitros de sus futuros destinos! ¡y con cuánta impudencia se ha dicho á la faz del universo: «todos los hombres son iguales,» cuando los mismos que lo decian estaban bien convencidos de que la proposicion verdadera seria la siguiente: «Es imposible hallar dos individuos de la especie humana que bajo todos aspectos sean completa y absolutamente iguales!»

Esta proposicion es la que voy á demostrar; pero para proceder con la claridad y distincion que piden estas materias, y evitar equivocaciones, examinemos antes cuántas y cuáles son las cosas en que los hombres pueden ser iguales entre sí. Claro es que estas son todos los bienes ó ventajas que pueden poseer, de cualquier modo que sea. Y estas ventajas ó estos bienes ¿á quién los debe cada individuo? Unos á la voluntad del Hacedor, ó sea á la naturaleza: tales son la vida, la robustez, la salud, la estatura, el valor, la belleza, el talento. Otros á lo que se llama fortuna, es decir, á la secreta coordinacion de ciertas causas que le conducen á tal estado determinado: tales son la educacion, la riqueza, los empleos, lo que se llama nacimiento, y la buena ó mala suerte en todos los negocios de la vida. Otros á su propia eleccion y actividad, como la instruccion, la conducta, el mérito, el oficio ó profesion, de donde resultan las empresas de toda especie, en cuyo bueno ó mal éxito tienen tanta parte los mismos dones de la naturaleza y de la fortuna. Otros á la legislacion del pais en que vive, la cual puede serle mas ó menos favorable, segun que sea mas ó menos justa: aqui pertenecen todos los derechos que las leyes le conceden. Otros á la opinion agena que él podrá merecer ó desmerecer, formar ó preparar hasta cierto punto; pero que no está en su mano dominar enteramente: aqui se comprenden el afecto, la benevolencia, la estimacion y el respeto que le dispensan las personas que le rodean, los beneficios que le hacen, y los servicios que le prestan. De esta clasificacion de las cosas en que los hombres pueden ser iguales ó desiguales entre sí, resulta que la igualdad puede ser fisica, fortuita, electiva, legal, y de opinion. Examinemos separadamente lo que constituye cada una, y resultará demostrado con tanta evidencia como las verdades matemáticas, que no solo no hay en el mundo dos hombres iguales, sino que es imposible que los haya. Este examen, mas importante de lo que á primera vista parece, dará lugar á refutar no pocos errores, y á resolver muy importantes cuestiones.

§. 1.º

Igualdad física.

Detenerme á probar que jamas existen á un tiempo sobre la haz de la tierra, y quizá ni aun tomados en diversas épocas, dos individuos de la especie humana que sean fisicamente iguales, es decir, que hayan debido á la naturaleza igual número de dones y en igual cantidad matemática, seria hacer agravio á la capacidad de mis lectores. ¿Quién ignora que cuando por imposible se fuesen examinando uno por uno todos los hombres que hoy viven, han vivido y vivirán, no se hallarian dos que fuesen matemáticamente iguales en altura, complexion, fuerzas, robustez, salud actual, sensibilidad, inclinaciones, belleza, color etc., y aun en las solas facciones de la cara? Asi ni aun hubiera yo tocado este punto, si sobre un hecho tan evidente no hubiera suscitado algunas dudas la moderna filosofía. Esta no ha podido negar lo que está á la vista; pero para establecer su sistema de igualdad hasta en el mas precioso don de la naturaleza que es el talento, se ha acogido á lo que no puede verse; y ha sostenido que aunque las potencias del alma, ó como dicen los ideólogos del dia las facultades intelectuales del hombre, aparezcan tan desiguales por el diverso modo con que en cada individuo se desarrollan segun las diversas circunstancias en que se halla durante todo el curso de la vida, son en sí mismas originaria, idéntica, y perfectamente iguales. Estaba reservado al siglo de las paradojas consagrar dos volúmenes á probar lo que no puede probarse, y que aun probado se reduciria á un caso metafisico ó ideal que jamas puede verificarse en la realidad de las cosas. Ya se conocerá que hablo de la célebre paradoja de Helvecio sobre la igualdad de los talentos; paradoja tan absurda y falsa, que ni aun á recordarla me detendria si de ella no hubiesen sacado consecuencias prácticas muy funestas los mismos que no la admiten, siendo asi que aun adoptada deberian en rigor deducirse las opuestas. Por esta razon no será del todo inutil que examinemos y refutemos en pocas palabras el gran sistema de Helvecio.

Este se reduce en sustancia á que el talento, es decir, la aptitud fisica á adquirir todo género de instruccion y en el mismo idéntico grado, es igual en todos los individuos de la especie humana *comunmente bien organizados;* esto es, en los cuales no se advierte alguna lesion orgánica del cerebro; y que la desigualdad que se nota en la instruccion positiva de cada uno comparado con los restantes, proviene únicamente de la diversa educacion que reciben; entendiéndose por educacion todo lo que el hombre aprende desde el momento en que nace hasta aquel en que termina su vida. Tal es el modo con que explica Helvecio la innegable desigualdad literaria, por decirlo asi, que constantemente se observa entre los hombres; y es preciso confesar que jamas una mala causa fue defendida con mas ingenio y habilidad. Helvecio tiene sobre Rousseau la ventaja de la buena fe: no da por supuesto lo que se disputa, sino que se esfuerza á probarlo; y si no lo consigue, á lo menos no engaña á sus lectores con estudiados sofismas y maliciosos equívocos: expone sus razones sin abusar de los términos; acumula pruebas mas ó menos fuertes; cita hechos constantes; y aunque como todos los escritores de partido los explica de modo que cuadren con su sistema, siempre pone al juez en estado de fallar con conocimiento de causa. Tambien es preciso confesar que en el sistema de Helvecio hay cierto fondo de verdad en cuanto al grande influjo de la educacion sobre la desigualdad intelectual de los hombres; y aun puede decirse que presentada de otro modo su paradoja, ó no exagerando tanto su principio, vendria á reducirse á una doctrina harto cierta, que pudiera adoptarse sin ningun inconveniente. Sin embargo tal como se halla en su libro, es imposible sostenerla.

En primer lugar la desigualdad física de talento es tan real y positiva, que á pesar de los argumentos que acumuló Helvecio para dar cierto colorido de verdad á su ingenioso sistema, no hay ya un solo hombre de buena fe que no reconozca y confiese, que tan diferentes como son los rostros humanos, tan diferentes son los talentos que el Autor de la naturaleza ha repartido á los hombres. Y no puede menos de ser asi. Aun suponiendo la igualdad de las almas, punto controvertido entre los teólogos, y sóbre el cual parece que la revelacion está por la negativa segun aquello de *sortitus est animam bonam;* es constante en todos los sistemas de filosofia, que el ejercicio de las facultades mentales está subordinado á la organizacion material de nuestra máquina. Siendo pues imposible de toda imposibilidad que en tantos y tan delicados órganos, como son los del cuerpo humano, haya perfecta y rigurosa igualdad entre todos los individuos, ya en la finura, ya en la irritabilidad, ya en el grado de elasticidad, ya en el volumen, ya en las otras dimensiones, ya en el tejido íntimo, y ya en tantas otras cualidades de los músculos, huesos, vasos, nervios y demas partes componentes: y llamándose talento la aptitud á ejercer mas ó menos bien las facultades mentales; es innegable que bien examinada la cuestion, lejos de que todos los talentos sean iguales, es fisicamente imposible que lo sean; porque es fisicamente imposible que en tan complicada máquina no tenga cada individuo ciertas modificaciones particulares en alguno de los órganos internos y externos á que está subordinada la inteleccion; y la mas ligera diferencia basta para que la accion de estos órganos no sea igual en todos ellos. Esta verdad, que se halla comprobada hasta en los irracionales, en los cuales se nota muy notable desigualdad de instinto, aun entre los individuos de una misma especie, pudiera reducirse á rigurosa demostracion, examinando y haciendo sentir la prodigiosa diversidad de caracteres, inclinaciones y afectos que se observan en los hombres, y son el resultado de su particular organizacion, y la prueba demostrativa de que esta es infinitamente variada; pero esto me alejaria demasiado del objeto á que se dirigen estas cortas observaciones.

En segundo lugar, aun concediendo que los talentos sean iguales en sí mismos, si luego los hace tan desiguales la diversa educacion, siempre resultará que en el hecho, en la práctica, en el curso de la vida, y para los efectos legales, es lo mismo que si originariamente lo fuesen. Es evidente. Entendiéndose por educacion, segun Helvecio, y en esto tiene razon, todo lo que el hombre aprende desde que nace hasta que muere; siendo esta enseñanza el resultado de todas las impresiones materiales que el hombre recibe de los cuerpos que le rodean, y se ponen en contacto con el suyo; y no siendo posible que dos individuos de la especie humana reciban el mismo número idéntico de impresiones, porque para esto era menester que naciesen ambos en el mismo instante, que nunca se separasen, que estuviesen despiertos las mismas horas y minutos, y en suma que ejecutasen ambos los mismos mismísimos movimientos, cosa, como se ve, materialmente imposible; lo es igualmente que dos hombres reciban una misma é idéntica educacion. Y como discrepando esta en lo mas mínimo, ya los talentos no pueden ser en la práctica rigurosamente iguales, resulta lo que antes dije, á saber, que la tan defendida igualdad se reduce á una suposicion ideal, que ni se ha realizado todavía, ni se realizará jamas, ni puede realizarse, tómese como se quiera. La perfecta igualdad de educacion, es la mas impracticable quimera que ha podido imaginar el entendimiento humano.

Siendo pues lo que se llama talento actual de un individuo el fruto necesario de la educacion que hasta aquel instante ha recibido; y no pudiendo esta ser igual en todos ellos, es claro que para los efectos sociales viene á ser lo mismo que si los talentos fuesen desiguales en sí, pues en efecto lo son en su aplicacion actual. Esto es evidente, ó no hay cosas evidentes en el mundo.

¿Y cuál es la consecuencia legítima que debió sacarse de este principio inconcuso? Que pues la aptitud actual de los hombres á ejecutar mas ó menos bien las operaciones intelectuales es tan notoria y prodigiosamente desiguál, ya provenga la desigualdad de la de los talentos en sí mismos, ya nazca del modo con que han sido cultivados, es justo, útil, necesario, acertado y prudente no admitir á desempeñar comisiones y encargos, que requieren cierta capacidad é inteligencia, sino á los que tienen dadas pruebas de haber adquirido con la educacion el grado de habilidad necesario para manejar diestramente aquel género de negocios que se trata de encargarle. Esta es regla eterna de prudencia. ¿Se ha confiado en parte alguna el cuidado de hacer zapatos al que jamas habia cogido en las manos el trinchete? ¿Se ha encomendado nunca la construccion de un canal á quien no tuviese la menor noticia de los principios de hidráulica? ¿Encargaban antes los Gobiernos la formacion de un código de leyes á quien teórica ó prácticamente no conociese los principios del derecho? ¿Se da tampoco el mando de un ejército á quien no ha militado todavía, y el de una nave al que no entiende de náutica? En suma, á no ser en un hospital de locos ¿se ha mandado nunca hacer una cosa al que no supiese hacerla? Pues hé aqui cabal y precisamente lo que han hecho los modernos legisladores y reformadores del mundo. Saben, y no pueden negar, que no todos los hombres tienen igual áptitud para todos los negocios y ocupaciones de la vida, ya se atribuya la desigualdad á su organizacion primitiva, ya á la educacion que han recibido; y sin embargo habilitan indistintamente á todos para desempeñar comisiones que piden mucho talento, mucha inteligencia, muchos y muy varios conocimientos; en suma, una instruccion muy dificil de adquirir. Ya se deja entender que hablo del gran principio jacobínico de que todos los ciudadanos deben tener derecho á todos los empleos de una nacion; principio el mas absurdo y antisocial que jamas se haya predicado entre los hombres. En efecto, esta subversiva doctrina esplicada en otros términos quiere decir, que todos los ciudadanos tienen derecho á mandar los ejércitos, aunque no hayan militado, á dirigir los navíos en sus peligrosos viages, aunque no hayan visto el mar, á dictar leyes á su pais, aunque no sepan qué es ley.

Yo bien sé que siendo el absurdo tan grosero y tan de bulto, se procura salvar añadiendo en las famosas declaraciones «en razon de su capacidad;» pero ademas de que luego en la aplicacion práctica del principio, se desentienden de esta segunda parte del artículo, el añadirla es destruir con una mano lo que se edificó con la otra. Importa ilustrar estas dos observaciones.

1.º La excepcion que para deslumbrar á los incautos se pone al principio general, se olvida y desatiende en sus prácticas aplicaciones. Claro. Abrase nuestra sabia Constitucion, y poco mas ó menos lo mismo dicen todas las jacobínicas hechas y deshechas desde

1791 en los desgraciados paises que se han sujetado al empirismo de los constitucioneros, y se verá, que no solo para ser Elector parroquial, de partido y de provincia, Alcalde, Regidor y Diputado provincial, sino para Diputado en Cortes, Embajador, Ministro, Consejero de Estado, y hasta Regente del Reyno, no se exige mas condicion que la de ser ciudadano y haber cumplido 25 años de edad. Y como la ciudadanía no supone tampoco mas instruccion y capacidad que la de saber leer y escribir, y aun esto, si hubiese regido el sagrado código, solo desde el año 30, es evidente que las tan sabias Constituciones no exigen de hecho para el desempeño de los mas dificiles cargos la capacidad necesaria. ¡A qué absurdos ha conducido el mal entendido, ó mas bien, el falso y falsísimo principio de la igualdad! Nuestras antiguas y, al decir de los pedantes, bárbaras leyes, exigian para que uno pudiese ser Alcalde mayor de un lugar de doscientos vecinos que hubiese estudiado leyes, cuyo estudio supone el del latin, la filosofia etc.; que fuese licenciado por alguna Universidad, y que estuviese examinado de Abogado; lo cual, ademas de la teórica, exige uno ó mas años de práctica: pero en el admirable código, obra de la ilustracion del siglo, dictado por la sabiduría, y casi inspirado por la diosa de la razon, solo se pide para gobernar la nacion entera que el gobernante conozca á lo mas las letras, y sepa firmar su nombre. De este punto se tratará muy á lo largo en su propio lugar; pero era necesario anticipar esta indicacion para hacer sentir cuán funestas son las consecuencias que se han deducido del falso principio de la igualdad, entendido como le entienden los jacobinos, y para demostrar cuán inconsecuentes son en sus mismas teorías. Reconocen con todo el mundo, porque no pueden desconocerlo, que los hombres no son iguales en talento, ó á lo menos en capacidad actual, y sin embargo en el hecho de llamar á todos indistintamente á los destinos y empleos, les suponen igual aptitud para desempeñarlos con utilidad general; si no, no los llamarian. Y aunque por bien parecer hablan primero de su capacidad respectiva, se desentienden luego de su misma condicion, y solo exigen la de ciudadano para las mas árduas y delicadas comisiones, aquellas cabalmente que piden la instruccion mas vasta, y la mas probada habilidad. ¡Qué pronto dieron la carta y descubrieron el verdadero secreto de sus inicuos proyectos, que no son otros sino poner la autoridad pública en manos de la ignorancia para ser ellos los amos!

2.° Supongamos que fuesen consiguientes, y que con arreglo á la excepcion general exigiesen luego tal y cual instruccion determinada para cada una de las comisiones públicas, ¿qué resultaria? Dos consecuencias de que deberian avergonzarse: 1.ª Habrian destruido con una mano lo que al parecer habian querido edificar con la otra. No tiene duda. Decir primero que todos los ciudadanos tienen derecho á todos los empleos, y limitar despues este derecho general á los que tengan la capacidad é instruccion necesarias para desempeñarlos con acierto, es lo mismo que si uno dijese «todos tienen derecho á gobernar el Estado,» y luego añadiese «no todos, sino los que tengan tantos años, hayan hecho tales ó cuales estudios, tengan tanta ó cuanta renta, hayan seguido tal ó cual carrera, y hayan dado en ella estas ó aquellas pruebas de idoneidad.» ¿No se ve que en este caso el artículo se reduce á decir primero *todos*, y á decir despues *algunos?* ¡Y por estos miserables y contradictorios juegos de palabras se han sublevado las naciones contra sus Gobiernos legítimos, y se ha regado la mitad de la tierra con la sangre de sus hijos! 2.ª: Si en suma la famosa declaracion quiere decir que no deben obtener los empleos sino los que sean capaces de desempeñarlos bien, esto estaba ya dicho y mejor explicado, no solo en nuestros antiguos códigos, sino en cuantas legislaciones racionales han tenido las naciones civilizadas; *tractent fabrilia fabri*, ha sido siempre y debe ser la regla en esta materia. En suma, ó los jacobinos dicen que solo tienen derecho á los destinos los que son capaces de servirlos con utilidad del público, y entonces dicen lo que todo el mundo sabe y lo que estaba ya dicho, ó afirman que tienen derecho á ellos los que son incapaces de desempeñarlos bien, y entonces dicen un solemnísimo disparate. De suerte que, como dice Bentham, la famosa declaracion de los derechos del hombre, ó del ciudadano, como los quieran llamar, ó no dice nada, ó dice lo que por sabido no era necesario expresar, ó dice una cosa impracticable, absurda y perjudicial. Escójase de estos tres extremos el que agrade.

Y no se piense que estas discusiones son quisquillas escolásticas, y que los falsos principios que combatimos se quedan en puras abstracciones teóricas, que en nada influyen ni perjudican en la práctica. ¡Ojalá que así fuese! Pero ya hemos visto entre nosotros, y hemos llorado, que consiguientes nuestros jacobinos al gran principio de la imaginaria igualdad de los talentos ó de las capacidades actuales, que para el caso es lo mismo, y al mas funesto todavía, de que en consecuencia todos los ciudadanos tienen derecho á los empleos del servicio público; hemos visto, digo, que la administracion y gobierno de los pueblos han sido confiados á los hombres mas idiotas, mas ineptos, mas incapaces, y á veces por añadidura los mas perversos de cada uno; que el gobierno municipal de Madrid se ha puesto en manos de zapateros, y algunas otras personas ignorantes y no muy bien educadas; y que la dificilísima obra de la formacion de las leyes ha sido encargada en realidad á los pedantes de Cadiz, y en apariencia á cirujanos, médicos y boticarios, auxiliados de varios clérigos, algunos de ellos muy ignorantes, de ciertos abogados intonsos que nunca perdieran pleyto, de unos cuantos militares, valientes y aguerridos si se quiere, pero que ni de vista conocian la dificilísima ciencia de la legislacion, y de cuatro mayorazgos ó propietarios añadidos *pro formula*, alguno de los cuales poco: mas sabia que leer en lo gordo del Caton. Y eso que en las dos primeras legislaturas ha venido lo escogidito de entre los liberales de España; que si *el sistema* hubiera seguido, ya hubiéramos visto cómicos, y carniceros, y matachines, y zurradores en el augusto templo de Temis, en el Santuario de las leyes. Y hé aqui una de las fatales consecuencias del dogma de la igualdad, y la razon por qué yo me he detenido tanto á refutar la de talentos y capacidades; porque insignificante en sí misma la paradoja teórica, tiene tristes y tristísimos resultados, cuando en la práctica se abre en consecuencia á todos los hombres la puerta de los destinos honoríficos que al mismo tiempo exigen cierta preparacion para su buen desempeño. ¿Por qué hemos tenido regidores zapateros, y legisladores contrabandistas? Porque se ha dado por supuesto que en teniendo un hombre 25 años de edad, y comprando los votos de su parroquia, recibe en el acto la ciencia necesaria para gobernar una gran ciudad, y para juzgar de la bondad ó malicia de las leyes, de su justicia ó injusticia, de sus inconvenientes y ventajas, y de su conveniencia y utilidad. ¿Y esto es asi? El resultado lo ha dicho.

Se me hará quizá la objecion de que no es menos absurdo el sistema de los empleos hereditarios. No le defenderé yo; pero diré que entre el juro de heredad á los destinos, y la libre entrada en ellos concedida al primero que se presente, hay el medio racional de la eleccion del Gobierno, que no deberá recaer sino en las personas que tengan tales ó cuales circunstancias, y que hayan dado estas ó aquellas pruebas de idoneidad; circunstancias y pruebas que las leyes deben especificar en cada caso con mucha claridad y distincion. Esto se verá á su tiempo.

§. 2.º

Igualdad casual ó de fortuna.

Muchas son las cosas que debemos á esta secreta combinacion de causas, llamada fortuna, hado, suerte ó acaso, cuyos caprichos deciden de nuestro bien ó mal estar durante todo el curso de la vida; pero solo me detendré á hacer algunas observaciones sobre los cuatro mas importantes dones de la fortuna, que son el nacimiento, la educacion, las riquezas y los empleos. Y estas observaciones no las hago para probar que los hombres son desiguales en estos puntos tan capitales, porque ¿quién puede negar que á no ser hermanos no se hallarán dos individuos nacidos de padres rigurosamente iguales, atendidas todas sus circunstancias? ¿Quién podrá presentar otros dos que hayan recibido una misma idéntica educacion? ¿Quién habrá encontrado jamas dos personas iguales en riqueza positiva, porque en la negativa ó en pobreza hartos estamos viendo á cada paso? ¿Y quién ignora que en la gerarquía política hay grados muy desiguales? Toco esta materia, porque en ella la ignorancia ó la malicia confunden ordinariamente cosas que es muy importante distinguir, y porque es necesario refutar errores muy acreditados, pero muy funestos, y que forman una parte muy principal de la doctrina jacobínica.

Nacimiento. Cierto es y notorio que no está en manos del hombre escoger sus progenitores, y que por tanto no es culpa del individuo que sus padres y abuelos hayan pertenecido á las clases que se llaman distinguidas, ó á las que en toda sociedad se han tenido, tienen y tendrán por bajas, innobles, y aun infamantes por motivos que luego veremos, y en los cuales, aunque haya parte de preocupacion, hay tambien cierto fondo de justicia. Sin embargo, sea por razon ó puro capricho, el hecho es que en ningun pais civilizado son iguales en la estimacion del público por la sola circunstancia del nacimiento el hijo del verdugo, y el de un capitan general. Se declamará cuanto se quiera contra esta opinion, pero ella será superior siempre á las declamaciones y aun á las mismas leyes, que se empeñasen en destruirla. En el práctico jacobinismo de Francia se vió la demostracion. Se quiso realizar la quimera de la igualdad absoluta, aun en la sola parte del nacimiento, hasta llamar al verdugo *ciudadano*, y hacerle sentar al lado de los primeros Magistrados, de los Generales y de los Procónsules, ó representantes del pueblo, como entonces se decia; pero la opinion pudo mas que la pseudo-filosofía de los revolucionarios: pasó la crisis del delirio popular, y el verdugo volvió á ser simple *bourreau*, y el último hombre en la gerarquía civil; y á pesar de cuantas declaraciones de igualdad se han hecho ó puedan hacer, no hay en Francia un solo hombre que mire con igual respeto al hijo de un verdugo, y al hijo, no digo del Rey, sino de un honrado labrador. Este es el hombre, y asi se le ha de mirar al tiempo de hacer las leyes.

¿Y qué se infiere de aquí? Que aun sin haber nobleza hereditaria, y aun cuando desapareciesen del mundo todos los pergaminos y ejecutorias, habria siempre en él cierta nobleza de opinion. Esta la ha habido, y la hay en efecto, no solo en los paises en que se ha reconocido el patriciado legal, como en la antigua Roma y en los Estados modernos de Europa, sino hasta en las repúblicas democráticas de la antigüedad, y en la actual de los Estados-Unidos. Los Atenienses con toda su igualdad miraban con respeto á los individuos de ciertas familias ilustres, y les daban el título de *eupatridas* (hijos de buenos padres): y los Griegos todos daban el de *euguenes* (bien nacido) al descendiente de varones esclarecidos por sus virtudes ó servicios. Hoy mismo en la América que fue inglesa nadie mira con igual respeto al hijo del verdugo, del matachin y del que limpia las cloacas, y al de un carpintero, un grabador y un comerciante. Ademas los antiguos todos no solo trataban con desprecio á los que ejercian ciertas profesiones reputadas por serviles, sino que extendian la infamia hasta los hijos de los que las habian ejercido; y llegaba á tanto la orgullosa aristocracia de los mas zelosos republicanos, que tenian por gente baja á los hijos de los libertos, sin embargo de que la esclavitud era una desgracia casual, una suerte de la guerra que recaia muchas veces en hombres muy ilustres en su patria. El «*libertino patre natum*» de Horacio prueba que esta circunstancia era en la opinion pública una tacha, que él se adelanta á publicar para que no se la echasen en cara los que intentaran deprimirle.

¿Qué mas se infiere? Que pues hay una desigualdad real de nacimiento, todo lo que las leyes pueden hacer en favor de los que tienen la desgracia de no pertenecer á las clases privilegiadas por la opinion, es no cerrarles la puerta de los destinos honoríficos, siempre que por una educacion esmerada, por su buena conducta, por su capacidad natural, y por útiles servicios hayan borrado en cierto modo aquella mancha. Y aun con estas condiciones dudo mucho que el hijo de un verdugo pudiese entrar en un tribunal de justicia sin que padeciese mucho el amor propio ó el orgullo, si asi se le quiere llamar, de sus compañeros de toga. Seria pues mejor premiar sus méritos con recompensas pecuniarias, que exponerle á él mismo á vivir sonrojado y humillado por el recuerdo de su cuna. Lo mismo puede decirse proporcional y gradualmente del hijo del carnicero, el zurrador, el torero, y de ahi arriba de cuantos se hallan colocados en todos los grados que pueden considerarse como bajo de cero en el termómetro de la pública estimacion. Sea de esto lo que fuere, lo que sí es cierto y certísimo, es que los que tienen á su cargo nombrar ó elegir para destinos honoríficos, no deben poner en ellos á los individuos que teniendo la desgracia de haber nacido de padres reputados por viles, no compensan esta desventaja con relevantes prendas y méritos personales. Su eleccion en el caso contrario, sobre ser en realidad injusta, porque otros habrá beneméritos y sin aquella especie de tacha, quedará muchas veces desayrada, sin que lo pueda evitar ni aun el poder de un Monarca. En estos y en otros casos se verifica literalmente lo de que la opinion es la reyna del mundo, y mas poderosa que las leyes.

Compárese ahora con esta doctrina cierta y muy cierta, y á la cual nada se puede oponer, la cínica pretension de los jacobinos, que quieren confundir todas las clases y hacer creer que no hay distincion de nacimiento, triunfando, á su parecer, con la insípida frialdad de que tan encarnada es la sangre de un zurrador, como la de un Archiduque. Sin duda, la sangre de un verdugo puede ser médicamente tan buena como la de un Emperador; pero en la justa y racionalísima opinion de los hombres, nunca serán iguales el que tiene por oficio descuartizar á sus semejantes, y el que ha sido destinado por la Providencia para gobernarlos: ni tampoco serán iguales el hijo del primero, condenado por su desgracia á ensebar los cordeles y tirar de los pies á los ahorcados, mientras le llega el turno de apretarles el gaznate, y el que deberá un dia al feliz acaso del nacimiento el alto honor de sentarse bajo el solio, y recibir las adoraciones del pueblo. Repito, este es el mundo real, este es el hombre; y añado que asi será siempre, y que debe serlo para que haya sociedades.

Educacion. No tomo aqui esta palabra en la significacion genérica que antes vimos por todo aquello que durante la vida aumenta la suma de las ideas, y extiende la esfera del saber en cada individuo particular, sino en la acepcion comun, por la cual se llama educacion la enseñanza moral y urbana que recibimos en nuestros primeros años; enseñanza que en castellano designamos ordinariamente con el término de *crianza*. Tomada en este sentido la palabra educacion, ya se deja conocer que ningun individuo es dueño de darse á sí mismo esta ó aquella; y que siendo la obra de los que cuidan de nuestra infancia, es un señalado favor de la fortuna que Juan la reciba buena, y una fatal desgracia de la suerte que á Pedro no se le dé ninguna, ó sea positivamente mala la que el acaso le depare. Se ve tambien que para que la educacion, aun siendo buena, produzca en el alumno los saludables efectos que se proponen sus padres ó tutores, es necesario que concurran las disposiciones naturales del educando; y que no siendo estas iguales en todos los individuos de la especie humana, es imposible que resulte igual la educacion, aun suponiendo que fuesen dirigidos por los mismos ayos ó directores. Se ve finalmente que no siendo posible que dos individuos hayan tenido padres ó tutores igualmente inteligentes y cuidadosos, y que hayan podido emplear los mismos medios para educar á sus respectivos alumnos; es de toda imposibilidad que dos hombres hayan recibido igual educacion y con iguales efectos, aun limitándose á los primeros años de la vida.

¿Y qué resulta de aqui? Que si á la desigualdad fisica del talento y á la casual del nacimiento se añade la de la educacion, casual tambien hasta cierto punto, tendremos que ya desde la entrada de la vida se establecen entre los hombres tres principios de desigualdad, que influirán no poco en el resto de su vida, y que no podrán destruirlos todas las legislaciones del mundo. Resulta tambien que por este solo título queda legitimada la opinion que mira con cierto desprecio á los hijos de aquellos individuos que ejercen ciertas profesiones. Aun suponiendo que todas ellas sean iguales en sí mismas, la educacion que de ordinario dan á sus hijos los que pertenecen á unas, es tan diferente de la que pueden dar á los suyos los que se dedican á otras, que si el individuo no acredita prácticamente que á pesar de su nacimiento ha sido educado con mas esmero de lo que es comun en su clase, la prevencion está contra él, y todo el mundo le tendrá por grosero y mal criado, si los hechos no demuestran lo contrario. Esto se ve todos los dias, y se verá mientras haya hombres. Las leyes dirán cuanto quieran para ennoblecer en la opinion á los que se ocupan en ciertos oficios bajos; pero su educacion, salvas algunas excepciones debidas á la riqueza, los colocará siempre en un grado muy inferior al que por la suya merecen los que pertenecen á las clases mas elevadas. Y no puede menos de ser asi. Las costumbres del populacho, y populacho y muy zafio hay en todas las naciones aun las mas libres y cultas, son en general estragadas, su carácter es feroz, sus inclinaciones bajas, sus modales groseros, sus ocupaciones demasiado materiales, y hasta sus distracciones y juegos brutales y repugnantes. La taberna, la crápula, la ignorancia, el poco trato con las personas finas y cultas, el embrutecimiento consiguiente á este género de vida, y hasta su mismo lenguage chavacano, ¿serán buena escuela ni buenos elementos para que los individuos de la plebe reciban una educacion esmerada? ¿Por qué se pretende pues igualar en la estimacion pública á los que han tenido la desgracia de ser tan mal educados, con los que debieron á la suerte la feliz casualidad de nacer, vivir y criarse entre personas morigeradas, instruidas, pundonorosas, delicadas en su trato, y urbanas hasta en su misma conversacion? De estos, algunos podrán luego degenerar y viciarse, y en efecto demasiados se han envilecido en nuestros dias, gracias al cinismo de que se hace alarde y vanidad desde la revolucion de Francia; pero la misma opinion pública, que los hubiera honrado si no hubiesen desmentido su primera educacion, los ha castigado y castigará con el desprecio, viéndolos tan voluntariamente *encanallados*.

Resulta por último, que aun prescindiendo del nacimiento en sí mismo, las leyes no deben llamar á ocupar destinos que exigen cierta educacion fina á aquellos individuos en que no debe suponerse, y entre los cuales no se halla en realidad, á no ser por un raro rarísimo accidente ó capricho de la fortuna. Insisto tanto en esto, porque importa hacer ver cuan sabias, juiciosas y verdaderamente filosóficas eran en esta parte las antiguas leyes que excluian de los empleos llamados de república á los hijos de ciertos individuos, como verdugos, carniceros, toreros, zurradores y otros varios; no solo porque mirados con cierto disfavor por el comun de las gentes, esta sola circunstancia los inhabilitaba para mandar, sino porque en los novecientos noventa y nueve de cada mil no se debia suponer, ni se hallaria ciertamente, la capacidad necesaria para gobernar á los otros, ni aquel grado de civilidad que deben tener los hombres públicos para no hacerse despreciables. Y de aqui se inferirá cuan desacordadas, necias y antifilosóficas son las Constituciones jacobínicas, que conceden indistintamente á todos los llamados ciudadanos el derecho de ocupar los puestos mas eminentes de la república. Esta mal entendida igualdad perdió á Atenas, y perderá á cuantos Estados confien el manejo de los negocios á zurradores, como Cleon. Lo único que las leyes pueden hacer, es declarar que si por un acaso el matachin ó su hijo, saliendo de su esfera, reunen el talento, la instruccion, y la fina crianza que exigen los empleos honoríficos, no les sirva de obstáculo para obtenerlos la bajeza de su clase; pero estemos seguros de que este es un caso rarísimo, que en una nacion de diez millones no se verificará en un siglo mas que dos ó tres veces. ¿Y por una excepcion casi imaginaria se establecerá por regla general, que los Ayuntamientos, las Diputaciones provinciales, las Córtes, el Consejo de Estado, y hasta el Ministerio mismo puedan componerse en rigor de matachines y zurradores? Vuelvo á repetir que insisto, é insistiré siempre que se presente la ocasion, en este punto capitalísimo para desterrar del mundo el funesto jacobinismo; y porque entre nosotros es importantísimo volver á nuestros antiguos usos, restablecer las antiguas leyes, y aun borrar de la memoria del populacho la falsa idea que tanto se le ha inculcado de que todos los hombres son iguales, y de que basta llamarse ciudadano para poder optar á todos los destinos. Es menester al contrario repetirle y predicarle á todas horas, que para obtener los empleos de nada sirve tener 25 años y llamarse ciudadano, si no se tienen las cualidades que los destinos exigen para su buen desempeño.

Riquezas. No me detendré á probar que la desigualdad de riquezas, no menos positiva que la de nacimiento y educacion, existe de hecho ahora, existió antes, y existirá siempre, mientras haya sociedades que no esten niveladas con el nivel de *Baboeuf*, si es que semejante nivelacion es posible. No insistiré tampoco en que supuesta la desigualdad en los llamados bienes de fortuna, es imposible desconocer y negar la inmensa desigualdad de poder que de ella resulta entre los individuos de un mismo Estado; y que hagan cuanto quieran las leyes, y clamen cuanto puedan los pedantes, el rico será siempre el amo, el dueño, y en cierto sentido el señor absoluto de los pobres, por la incontestable razon de que el pobre necesita, y el rico lo puede dar. Esto es demasiado evidente. Solo me propongo pues ilustrar algunas cuestiones que maliciosamente embrollan los que desean obtener ciertos resultados muy jacobínicos, y muy perjudiciales á las naciones.

1.ª ¿Deben las leyes establecer directamente, querer y mandar la igualdad absoluta de riquezas? La respuesta negativa es ya un axioma entre los hombres juiciosos, y que no pertenecen á la secta de los niveladores. La comunidad de bienes, la nueva reparticion de las tierras en porciones iguales, la abolicion de las antiguas deudas, el máximo de propiedad rural ó mobiliaria, sobre no ser practicables sino en pequeñas repúblicas, que vengan á ser otros tantos conventos de la Trapa, son providencias injustas en sí mismas, como atentatorias á la propiedad, objeto capital que las leyes deben respetar en todas sus disposiciones. Y á pesar de este axioma, ¿qué hemos visto en nuestros dias? Hemos visto no solo proponerse y predicarse públicamente la comunidad de bienes y la igual reparticion de las propiedades, sino autorizados por sabios cuerpos legislativos el robo y la espoliacion, á pretexto de facilitar y promover directamente la posible igualdad de las riquezas. Asi el clero de Francia fue despojado en un dia de todos sus bienes y pertenencias, como si por ser clero no fuese verdadero propietario; y entre nosotros hemos visto á los señores privados de sus principales rentas, como si la posesion inmemorial no fuese por sí sola un título mas legítimo que los pergaminos que se les mandaban presentar, y como si con la palabra mágica de feudalismo se les pudiese despojar de las tierras que han poseido pacíficamente por espacio de cinco siglos. Hé aqui el puro jacobinismo en toda su hedionda deformidad. Suponiendo que la acumulacion de bienes raices en manos muertas hubiese llegado en Francia y en España á un grado perjudicial al comun, ¿no habia medios para ir destruyendo lentamente la amortizacion? ¿Era preciso autorizar legal y públicamente el robo? ¿ó no lo es tomar lo ageno contra la voluntad de su dueño? ¿No lo era el clero de sus bienes, y los señores de sus rentas? Se dirá acaso que el clero solo tenia el usufructo de sus fincas. Sea: pero si por ésta razon se le pueden arrebatar, con la misma se podrán quitar las suyas á todos los mayorazgos. No hay ninguna diferencia. Tampoco tienen estos mas que el usufructo y administracion de los bienes amayorazgados, y sin poderlos enagenar, cuando el clero al contrario podia disponer libremente de los suyos. Se responderá que los bienes de mayorazgo pertenecen á familias particulares. ¿Y qué? Cada comunidad eclesiástica, secular ó regular ¿no forma tambien una familia, sin mas diferencia que la de que las familias naturales se perpetúan por generacion, y las corporaciones por agregacion voluntaria? Se insistirá......; pero esta cuestion será ventilada en otra parte. Aqui se ha tocado de paso para demostrar cuan poco escrupulosos son con los bienes agenos los que tanto encarecen el respeto á la propiedad, y rebatir el especioso pretexto de que se valen para cohonestar la espoliacion, á saber, la necesidad de promover y facilitar la libre circulacion de las propiedades, para llegar por este medio á la posible igualdad de las riquezas.

2.ª En el caso de que esta se estableciese violentamente por medios directos y coactivos, ¿seria permanente? ¿Se podria conservar? Claro es que no. Supongamos que se han repartido todas las propiedades rurales, que son las que pueden repartirse estando como estan á la vista, y no pudiendo ocultarse, porque en las mobiliarias, señaladamente el dinero, habria tanta ocultacion y tanto fraude, que la providencia se haria al fin ilusoria. ¿Qué resultaria? Que al instante empezaria de nuevo la desigualdad de riquezas. El uno cuidaria con esmero su porcion, el otro la dejaria abandonada; este tendria buena cosecha, aquel la tendria mala, porque se la quitaria un pedrisco: Pedro tendria enfermedades y gastos que no tendria su vecino: la familia de Juan se aumentaria con una prole numerosa, y la de Antonio quedaria reducida por falta de hijos al marido y la muger etc. etc.: porque ¿quién es capaz de enumerar todas las causas que necesariamente contribuirian á destruir aquel facticio nivel? Y ademas, aun cuando por imposible se mantuviese la igualdad de bienes raices, ¿cómo impedir la desigualdad de riquezas que necesariamente ocasionarian la industria fabril y comercial? ¿Quién puede impedír que un fabricante venda mas de sus artefactos que otro de su misma clase; que un comerciante gane mas en una operacion mercantil que su compañero, y que un género de comercio sea mas lucrativo que otro? Para esto no hay poder que alcance en ninguna legislacion. Quede pues establecido como principio constante, que la igualdad real de riquezas ni puede obtenerse con leyes, ni aunque momentáneamente se obtuviese podria durar un año. Hasta aqui puede decirse que todos los hombres racionales estan de acuerdo, á pesar de los sueños impracticables de algunos visionarios: no sucede lo mismo con la siguiente cuestion.

3.ª Suponiéndola posible, ¿seria de desear que se estableciese en las naciones la igualdad absoluta de riquezas? No falta quien confesando la imposibilidad de conseguirlo, asegura sin embargo que las leyes deben procurarlo indirectamente, que es muy importante el írse acercando á ella, y que las naciones serán tanto mas felices cuanto mas y mas se aproximen á esa igualdad ideal, ya que no sea posible obtenerla completamente. Veamos lo que en esto hay de verdadero y de falso, de util y perjudicial.

Que la igualdad absoluta de riquezas, lejos de ser un bien apetecible, seria el golpe mas fatal que pudiera darse á las sociedades humanas, y acabaria con ellas el dia en que se introdujese y asegurase de una manera permanente, es tan notorio y evidente, que no acaba uno de admirarse al ver que hombres sensatos, al parecer, propongan esta quimera, impracticable por fortuna, como el último término de la humana felicidad. Bajemos de las nubes á la tierra, y dígase de buena fe, si el criado se hiciese de repente tan poderoso como su amo, ¿continuaria sirviéndole? Si el trabajador del campo igualase en riqueza al dueño de la heredad, ¿querria cavar la tierra? Si la hilandera tuviese tanto dinero como el fabricante de lienzos, ¿se sujetaria á hilar el hilo por un mezquino jornal? Si el que hoy es peon de albañil adquiriese un capital igual al del propietario de casas que ahora le emplea, ¿continuaria manejando la llana y la piqueta? Y si no hubiese albañiles ¿quién haria esos hermosos caminos, y esos magníficos canales con que tanto se llenan la boca, y que sin duda son utilísimos, los que tanto disertan sobre la felicidad de las naciones; felicidad imposible de obtener sin la desigualdad muy real y muy notable de riquezas? ¿No salta á la vista que cabalmente esta desigualdad, contra la cual tanto y tan neciamente se declama, es el alma del mundo, la que da vida y movimiento á las sociedades civiles, y que el dia en que faltase este grande y poderoso móvil quedaria paralizada la accion de los individuos?

Si suponemos que por imposible tuviesen todos y cada uno cuanto necesitan para satisfacer sus necesidades y caprichos, pues hasta este punto nadie puede llamarse rico, ¿quién haria trabajar al que asi nadase en la abundancia? ¿Qué es lo que ahora estimula y obliga á todos los hombres á ocuparse cada uno en su profesion respectiva? La pobreza relativa, la desigualdad de riquezas. ¡Cuán necios son pues los que aun indirectamente se proponen destruir y derribar de su trono á esta reina del universo, que sin órdenes ni leyes positivas hace trabajar á todos! ¡Ay de los que la persiguen! Pronto perecerian ellos mismos, si llegasen á desterrar del mundo esa benéfica deidad, á la cual se deben la creacion, permanencia, conservacion y prosperidad de las naciones! Harto mas sabia es la Providencia, ó sea, si se quiere, la ciega fatalidad, que repartiendo á los hombres con tanta desigualdad los bienes que se llaman de fortuna, los ha constituido en esa mutua y felicísima dependencia, sin la cual ni aun existirian las sociedades.

Y de aqui ¿qué se infiere en buena lógica? Que las leyes lejos de procurar ni aun indirectamente destruir la desigualdad de las riquezas, deberian oponerse á que se estableciese la igualdad. Pero como esta no es de temer que llegue nunca á realizarse, lo mas acertado es que las leyes ni la promuevan ni la estorben. Lo único á que pueden oponerse es á que la desigualdad sea tan monstruosa que reduzca la mayor parte de la nacion á la absoluta miseria, mientras un pequeño número de individuos viven en la opulencia mas escandalosa. Y para esto ¿qué es lo que deben hacer? O destruir la amortizacion, ó reducirla á límites muy estrechos, prohibiendo nuevas vinculaciones, y desamortizando gradualmente una parte de las antiguas. Hecho esto, y no poniendo á la industria agrícola, fabril y comercial mas trabas que las que exija rigurosamente el interes general, la riqueza pública se reducirá por sí misma al grado de igualdad relativa que es posible y conveniente. Circulen libremente los bienes raices, cultive, fabrique y venda el particular sin otras restricciones que las indicadas en otro número; y con el tiempo llegarán las naciones no al equilibrio matemático de las riquezas á que ni pueden ni deben llegar, sino á aquella proporcional reparticion de bienes que deseaba el buen Henrique IV, cuando queria que hasta el pobre trabajador pudiese echar en su olla una gallina los domingos, sin que por esto se quite á los mas bien tratados por la fortuna comer diariamente perdices, faisanes, pabos, y otros exquisitos manjares. Libre circulacion de bienes muebles, y raices, libertad razonable de industria en sus tres ramos, buen sistema de rentas, y equitativa reparticion de las contribuciones directas: hé aqui las cuatro bases de la felicidad de las naciones. Y como los Gobiernos existentes pueden adoptarlas y establecerlas por sí mismos sin necesidad de nuevas Constituciones, declaraciones de derechos, vocinglerías parlamentarias, corporaciones populares para el gobierno de los pueblos y provincias, ficciones legales, equilibrio facticio de poderes, guardia nacional, libertad absoluta de imprenta, tertulias patrióticas, sociedades secretas, y demas adminículos de la jacobinería, claro es que está en manos de los Príncipes acabar con esta el dia en que tengan verdadera voluntad. Adopten pues aquellos cuatro principios, y gobiernen en lo demas paternalmente; pero no haya otro poder en el Estado que el suyo; sean sus delegados y de su eleccion cuantos ejerzan cualquiera parte de la autoridad civil, y yo respondo con cien mil cabezas que tuviese de que los pueblos serán tan felices como pueden serlo, y de que no se volverá á ver en los paises civilizados otra revolucion en sentido jacobínico. Conquistas, vicisitudes de la fortuna, trastornos accidentales, aunque se disminuirá su número, habrá todavía en el mundo mientras le habiten hombres organizados como nosotros.

Volviendo ya de esta especie de digresion, que he debido anticipar por si no llega el caso de extender en su propio lugar las indicaciones que contiene, al punto de que estabamos tratando, no quiero concluirle sin refutar un error predicado y puesto en planta por los jacobinos franceses, y acreditado todavía entre cierta clase de gentes, aun despues de abolida en Francia la bárbara é inútil ley que le consignó en el código revolucionario. Hablo de la libertad de testar. Se insiste mucho en que para promover indirectamente la igual reparticion de las riquezas es necesario ó abolirla ó coartarla sobre manera; pero yo no veo la razon. Con tal que se prohiba la nueva amortizacion, y se declaren herederos forzosos los que lo son por nuestras leyes, con alguna ú otra modificacion que parezca necesaria, no veo por qué á falta de aquellos no se ha de permitir que cada uno deje sus bienes á quien mejor le parezca. ¿Qué puede suceder? ¿que se los deje todos al primer desconocido que se encuentre por la calle? Enhorabuena: pero con tal que este pueda venderlos libremente, ¿qué perjuicio resulta á la sociedad? Ninguno. Tal vez los disipará mientras vive; y cuando esto no suceda, á su muerte se repartirán entre sus herederos, y al fallecimiento de estos se subdividirán ya en tantas partes, que aunque la herencia del primer testador hubiese ascendido á cien millones, ¡qué pocas hay de estas entre nosotros! á la segunda generacion estará ya repartida en treinta ó cuarenta porciones desiguales.

Se cuenta tambien entre los medios de promover indirectamente la igualdad de riquezas la abolicion del monopolio, comprendiéndose bajo este título todo privilegio exclusivo para el cultivo de ciertos vegetales, la elaboracion de ciertos artefactos, y la importacion ó exportacion de ciertos géneros; porque en realidad estos privilegios paran siempre en una venta reservada á ciertas manos. Pero yo nada tengo que añadir á lo indicado en otro lugar. Monopolio de cultivo ninguno: de comercio y fabricacion puede haberle alguna vez en beneficio del erario, y por exigirlo asi la seguridad de las naciones. El Estado puede en efecto reservarse la elaboracion y venta del tabaco y de la sal, y la fabricacion de pólvora, balas, y armas grandes de fuego; y siempre convendrá que se reserve la de la moneda, aunque luego dé en empresa la manipulacion de cada fábrica. Está es doctrina corriente y muy sana, digan lo que quieran los pedantes.

Empleos. Aunque el mérito, la aptitud para desempeñarlos, y la eleccion de los que hayan de conferirlos tienen mucha parte en que uno llegue á obtenerlos, es innegable que lo que se llama fortuna contribuye no poco á poner al individuo en aquella situacion de la cual depende que se conozcan su mérito y capacidad, y que la voluntad del elector se decida en favor suyo. No es esto pues lo que yo quiero probar, porque todo el mundo lo sabe. Lo que deseo es llamar la atencion de mis lectores hácia este origen de desigualdad, tan necesario, tan inevitable y tan justo. ¿Puede existir una sociedad sin gobierno? ¿Puede haber gobierno sin una gerarquía tan graduada, que apenas puedan hallarse dos empleados constituidos en un mismo escalon; pues aun en los que parecen iguales habrá siempre la diferencia de antigüedad, y á veces la de alguna condecoracion ó circunstancia que distinga á cada uno de los demas compañeros? Ya tenemos pues dividida toda nacion en dos partes muy desiguales en suerte y autoridad: los empleados, y los que no lo son. Aquellos reciben sueldo del erario público, ó á falta de sueldo gozan de ciertos honores y preeminencias, y tienen ciertas facultades: estos ni reciben sueldo, ni gozan de aquellas distinciones, sean las que fueren, ni tienen la autoridad aneja á los destinos. Y entre los empleados mismos ¿es idéntico el sueldo de un magistrado que el del alguacil de su tribunal? ¿es el mismo el poder de un ministro que el del portero de su secretaría? Son iguales en sueldo, honor y poder el intendente de la provincia y el guarda de puertas, el estanquero de tabaco y el administrador de un puesto de lotería? Si del orden judiciario y administrativo pasamos á la milicia, cuyos individuos todos pueden considerarse como empleados públicos pues el público les paga, ¿serán iguales sus diferentes grados en sueldo, poder y honores? ¿Serán iguales el soldado raso y el capitan, el coronel y el general? Esto es demasiado evidente para que sea necesario que me detenga á comentarlo.

§. 3.º

Igualdad en las cosas que hasta cierto punto dependen de la eleccion del individuo.

Ya dije que á este principio pueden referirse la instruccion, la conducta, el mérito, y el oficio ó profesion de cada uno; porque en efecto, aunque el talento natural, el nacimiento, la educacion, las riquezas mismas, y hasta mil inapreciables casualidades tienen no pequeña parte en que uno adquiera tal grado de instruccion determinado; aunque el temperamento, las compañías, y otras muchas circunstancias casuales, y sobre todo la primera educacion, contribuyen poderosamente á que la conducta del individuo sea ó no morigerada, y lo sea mas ó menos; y aunque la voluntad agena, la fortuna y el acaso influyen tambien ordinariamente en que uno abrace tal oficio, carrera ó profesion, y de consiguiente á que en ella contrayga estos ó los otros méritos; sin embargo no puede dudarse de que la voluntad y eleccion del individuo se atribuyen tambien su parte en las ventajas ó desventajas que al hombre le proporcionan su instruccion, mérito, conducta y oficio. Recorramos pues brevemente estos cuatro nuevos principios de desigualdades, y acabarémos de convencernos de que la tan preconizada igualdad se reduce á que los hombres ni fueron, ni son, ni serán jamas iguales.

Desigualdad de instruccion. Es esta tan notoria é incontestable, y son tan importantes sus efectos, que sola ella bastaria para demostrar que no pueden hallarse dos individuos de la especie humana completa y absolutamente iguales; porque es en efecto imposible que haya dos matemáticamente iguales en instruccion. No solo cultivan unos una ciencia y otros otra, sino que aun entre los que se llaman de una misma profesion, no es posible hallar dos jurisconsultos, dos fisicos, dos poetas, dos pintores, dos arquitectos, y de ahí abajo dos artistas de cualquiera clase que tengan el mismo idéntico grado de instruccion en sus respectivas profesiones; y esto no solo tomados de dos en dos en cada generacion, sino aun escogidos en toda la duracion de los siglos. Y si tanta diferencia se nota aun entre los que se llaman instruidos, ¿cuál será la desigualdad que este solo principio establece entre los sabios y los ignorantes, entre los que cultivan su razon y los que solo vegetan como las plantas sobre la tierra? ¿Y se querrá todavía que el derecho á la estimacion, al poder, á la autoridad y á los empleos sea igual en los últimos y en los primeros? Se dirá que no se pretende semejante cosa. Pero si no se pretende, ¿á qué establecer esa tan injusta y perjudicial igualdad de derechos entre el que sabe y el que no sabe? ¿A qué inculcar tanto á la multitud ignorante que todos los hombres son iguales ante la ley, sin decir cómo ni cuándo? ¿Tendrá el mismo derecho á gobernar los pueblos el idiota, que apenas se distingue de los brutos mas que por su configuracion exterior, y por tener una alma entorpecida é inerte, y el sabio que cultivando con esmero su talento natural llega á rivalizar en cierto modo con las inteligencias angélicas? ¿Tendrán igual *derecho* á sentarse en los Consejos de los Reyes un Jovellanos, y el desgraciado á quien su mala suerte no ha permitido ni aun aprender á leer? Vuelvo á insistir en este punto capital, porque es menester repetir *usque ad satietatem*, que en ninguna sociedad bien gobernada deben tener derecho á hacer una cosa que pide cierta instruccion sino los que la hayan adquirido. Los demas no tendrán acaso culpa en no haber aprendido lo necesario; pero esta no es razon para que se les conceda el derecho de meterse en lo que no entienden. No tiene la culpa de ser ciego desde el vientre de su madre el que nació con los ojos secos; pero por eso ¿se le ha concedido en parte alguna el derecho de dar su voto sobre pinturas? ¿Pues por qué se ha de conceder al ignorante é iliterato el derecho de dar su voto sobre un plan de instruccion pública?

Desigualdad moral ó de conducta.— Que el hombre de bien, honrado y virtuoso, es apreciado y respetado hasta de los malos, y que estos son detestados, aborrecidos y despreciados, á lo menos interiormente, por cuantos tienen la desgracia ó fortuna de conocerlos, es un hecho público y notorio. Que esta diferencia que establece entre los hombres su respectiva moralidad, es justa, justísima y util, no habrá, me parece, quien se atreva á disputarlo. Y que no siendo los hombres igualmente morigerados, es decir, igualmente modestos, prudentes, sobrios, juiciosos etc., y no habiendo acaso dos que posean las mismas virtudes, ó tengan los mismos vicios y en el mismo idéntico grado, ha de resultar entre ellos grandísima desigualdad moral, y muy desigual derecho á todo lo que exige cierto grado de probidad, es una consecuencia innegable. ¿Por qué pues en ninguna Constitucion jacobínica, aunque tal vez *pro formula* se tome en cuenta la instruccion, se exige para los destinos públicos una cosa tan necesaria como la honradez? ¿Por qué se abre la puerta para todos ellos al que tenga 25 años y se llame ciudadano? ¿Por qué no se añade la condicion de buena conducta, la de no haber sido nunca procesado, y otras semejantes? Porque lo que realmente se quiere es poner el gobierno en manos del inmoral populacho; conociendo que solo de la inmoralidad ignorante se pueden obtener las leyes atroces que se desean fundadas en injusticias. ¡Cuándo se arrancarian á virtuosos ciudadanos decretos de proscripcion, leyes de sospechosos, códigos revolucionarios, tasas del máximo, la espoliacion de los templos, la persecucion del clero, la abolicion del culto público, las fiestas decadarias, la gran solemnidad de la diosa de la Razon, todos los atentados legislativos que deshonraron la revolucion francesa, y los ensayos en miniatura que se han repetido en la nuestra? Para esto es menester que el cuidado y poder de hacer las leyes esté confiado á monstruos de iniquidad, como Marat, Danton y Robespierre, y á la misma inmoralidad personificada en el capuchino Chabot; y entre nosotros...... no revelemos nuestra vergüenza á las generaciones venideras. *Neque enim necesse est omnium flagitia proferre.* Hé aqui lo que produce, vuelvo á repetir, el funesto principio jacobínico de conceder indistintamente á todos los ciudadanos el derecho de optar á empleos tan importantes como el de legislador: que vengan á dar leyes á los pueblos los que deberian estar poblando los presidios y arsenales.

Desigualdad de mérito por servicios hechos á la patria en cualquier línea que sea. Que existe y no puede dejar de existir, es un hecho. ¿Cómo todos los individuos han de poder prestar iguales servicios al público? Y cuando pudiesen, ¿cómo todos se han de hallar en circunstancias igualmente favorables para tener ocasion de manifestar su zelo por el bien general de su pais? Que no siendo pues iguales todos los ciudadanos en méritos anteactos y positivos, no deben ser igualmente premiados y honrados con la confianza pública, es una consecuencia necasaria. Y de esta última ¿qué se infiere? Que cuando quisiéramos prescindir del talento natural, de la capacidad actual, del nacimiento, de la crianza, de la instruccion y de la probidad de los individuos, nunca será justo conceder igual derecho á los destinos honoríficos al que nada ha hecho todavía por su pais, y al que le ha prestado ya útiles y relevantes servicios. ¿Qué nuevo género de justicia distributiva es el que se quiere introducir en el mundo, concediendo igual derecho á los honores públicos al hombre desconocido, y al que ya se ha señalado y distinguido en una larga carrera? Porque, sutilícese cuanto se quiera, nunca se responderá á este dilema: ó los empleos son carga, ó son una recompensa. Si son carga, no debe admitirse á servirlos sino á los que pueden llevarla, y aqui entran el talento natural, la educacion, la honradez, y la capacidad actual ó la instruccion. Si son premio, no deben tener derecho á él sino los que le hayan merecido, y aqui entran los servicios anteriores.

Desigualdad de honor entre las mismas profesiones. Ya he observado que aunque la eleccion del individuo tiene mucha parte en que abrace esta ó aquella carrera, concurren tambien otras circunstancias involuntarias á que acaso con repugnancia suya se vea precisado á ejercer tal profesion. La voluntad de sus padres, la falta de medios pecuniarios, imprevistas desgracias, trastornos políticos, y otras mil y mil causas, hacen tal vez un humilde é ignorante jornalero del que la naturaleza destinaba á ser el primer capitan de su siglo, si la casualidad le hubiera conducido á servir en la milicia. De aqui se infiere, que rarísimas veces se puede culpar enteramente á un individuo de haber seguido tal ó cual carrera, ó de ejercitarse en esta ó en aquella ocupacion. Pero no por esto deberá dispensarse igual honor al que se dedica á ciertas profesiones reputadas por serviles, bajas é ignobles en todos los siglos y paises, y al que abrazó las tenidas por liberales, elevadas y distinguidas. Las legislaciones mas sabias han reconocido y sancionado esta diferencia; pero aun cuando se empeñasen en destruirla, no lo conseguirian jamas completamente. Los códigos jacobinos podrán declarar la igualdad legal de todas las profesiones; pero mientras haya hombres subsistirá entre ellas, y con mucha justicia, la desigualdad de honor.

Esta consiste en que ciertas operaciones manuales, ciertas habilidades, ciertas artes, en suma, ciertas profesiones, tomada esta voz en su mas lato sentido, son mas estimadas que otras, y los que las ejercen mas honrados y respetados. Este desigual honor de las profesiones parece á los filósofos jacobinos una terrible é inexcusable injusticia, y quisieran que todas fuesen iguales en la estimacion del pueblo; pero esto ni se ha verificado hasta aqui, ni se verificará nunca: y una opinion tan antigua y general en el mundo es preciso que se funde en algun motivo racional. ¿Y cuál puede ser este? La averiguacion no es dificil. Recorrámos todas las artes y profesiones; veamos cuáles son las que los hombres estiman y aprecian mas, y hallarémos que en general son las mas útiles, mas dificiles, mas arriesgadas, y á lo menos las que suponen mas talento é instruccion en sus respectivos profesores. Y ya se deja conocer que el hombre no es injusto cuando aprecia lo util mas que lo superfluo, lo dificil mas que lo facil, lo que pide cierto valor y esfuerzo extraordinario mas que lo que no presenta riesgo alguno; y lo que supone gran talento y aplicacion mas que lo que se aprende pronto, y aun por hombres de muy limitada capacidad.

Asi por mas que grite la superficial pedantería contra esta supuesta injusticia, los hombres apreciarán siempre mas, y con razon, al médico que les consuela y asiste en sus enfermedades, que al saltimbanquis, ó decidor de buena ventura, que entretiene un instante su curiosidad en una plaza; mas al arquitecto que forma el plan de la obra y dirige su ejecucion, que al simple albañil que construye los tabiques; mas al militar que expone su vida, que al buhonero que sin riesgo alguno está vendiendo agujas en la esquina de una calle; y mas al abogado, al sabio, al literato, al matemático y al verdadero poeta, que al mozo de esquina, al aguador, al barrendero de calles, y aun al trabajador que labra la tierra. Porque aunque estos últimos sean mas necesarios que los poetas, y aunque los oficios mecánicos sean de utilidad mas inmediata y sensible que las profesiones literarias; todos conocen que el oficio de aguador se aprende al primer viage; y que para ser barrendero ó cavador no se necesita mas que tener robustos brazos; pero para componer una Ifigenia se necesita talento, mucha aplicacion, y no corto aprendizage. Hay tambien otro principio de deshonor entre las ocupaciones, fundado, si se quiere, en una preocupacion, pero preocupacion invencible; y es lo asqueroso ó repugnante de la materia. Asi, por mas que se haga, y aun prescindiendo de la dificultad respectiva de ciertos oficios, el matachin, el carnicero, el zurrador y el pocero, nunca serán tan honrados como el ebanista, el platero y el dorador. Este es el mundo, vuelvo á repetir: este es el hombre, y para gobernarle con acierto es necesario tener en cuenta hasta sus mismas preocupaciones; sobre todo si las que asi se llaman no son tan absurdas como pretenden los sofistas, sino que se fundan en motivos muy racionales. ¿Por qué en todos los paises, aun los mas cultos y libres, se mira con cierto horror el oficio de cortante? Porque se supone, y con razon, que el hombre ocupado toda su vida en desollar y descuartizar animales, y cuyas manos estan siempre teñidas de sangre, se familiariza con estos objetos horrorosos, y contrae cierta dureza é insensibilidad de corazon, cierta crueldad y ferocidad de caracter, que no puede inspirar su mismo oficio al que se ocupa en pulimentar diamantes, ó en animar con su cincel los mármoles y los bronces. Un platero de oro y un escultor podrán ser accidentalmente crueles, feroces y sanguinarios; pero estos malos hábitos no los habrán contraido en sus diarias ocupaciones. Al contrario el matachin y el carnicero podrán ser por temperamento humanos, tiernos y compasivos; pero no será ciertamente la costumbre de matar y descuartizar las reses la que les haya inspirado aquellos buenos sentimientos. Sabido es que el horror á la sangre y la matanza se disminuyen á proporcion que el hombre se habitúa á tan repugnantes ocupaciones.

§. 4.°

Igualdad legal ó de derechos.

Este puede llamarse el último atrincheramiento de los jacobinos. Primero, por si pasa, establecen la igualdad absoluta de los hombres sin especificar en qué consiste, para seducir y engañar al populacho, insinuándole maliciosamente que el último barrendero es, ó debe ser, igual en nacimiento, honor, riqueza y autoridad al Monarca mas poderoso. Pero como al instante se les demuestra que esta rigurosa igualdad es materialmente imposible, se acogen á la que llaman legal, ó á la igualdad de derechos. Precisemos bien la cuestion, y desaparecerá casi en su totalidad tan fácilmente como las otras que llevamos recorridas.

¿Qué dicen los jacobinos? 1.º Que la ley debe ser una para todos, ora premie, ora castigue. 2.º Que todos los hombres son iguales en derechos, ó lo que es lo mismo, que todos tienen derecho á las mismas mismísimas cosas, y á ejecutar las mismas mismísimas acciones. Si la igualdad de derechos no quiere decir esto, no dice nada en sustancia: es una expresion vacía de sentido, inventada y pomposamente repetida para alucinar á los tontos. Examinemos pues ambas aserciones.

En cuanto á la primera ya observó juiciosamente Bentham, que la legislacion mas absurda y mas injusta seria la que por un mismo delito impusiese á todos los individuos los mismos idénticos castigos, y les concediese por el mismo servicio la misma idéntica recompensa. Y la cosa es evidente, aunque Bentham no lo dijese. Al decretar los premios y castigos es necesario distinguir: 1.º los sexos, pues claro es que á las mugeres no se las enviará á los arsenales en el mismo caso en que se envia á los hombres; y aun cuando alguna sepa tantas leyes como Campomanes, no se premiará su aplicacion haciéndola Fiscal de Castilla: 2.º la edad y otras circunstancias, pues claro es tambien, como dice Bentham, que doscientos azotes dados á un joven robusto y endurecido no son una pena realmente igual, aunque suene materialmente la misma, que otros doscientos azotes dados á un anciano delicado y enfermizo. A este pueden causarle la muerte, y al joven vigoroso solo le causarán una leve y pasagera indisposicion. Lo mismo sucede con las recompensas. Sabido es que por una misma accion brillante en campaña se da un grado al oficial joven para que continúe en el servicio, y su retiro con una pension al veterano que necesita descansar. Para este es en efecto honorífico premio el permiso de volverse á sus hogares, y para el primero seria esta licencia un verdadero castigo. En suma, desde que el mundo es mundo se habia dicho y creido, que la justicia distributiva consiste en que al repartir los premios y castigos se tengan en cuenta todas las circunstancias de persona, lugar y tiempo; pero estaba reservado á la pedantería del siglo XVIII alborotar el mundo con la novedad de que la ley al decretar los premios y los castigos debe desentenderse de todo; y que si bien ó mal se le antoja mandar que al ladron se le pasee en un burro por las calles desnudo de medio cuerpo, debe mandar que se haga lo mismo con las ladronas, aunque lo resista el pudor.

Dirán acaso los jacobinos que ellos no entienden en este sentido su principio, y que al contrario reconocen que en la distribucion de premios y castigos debe hacerse distincion entre hombres y mugeres, viejos y niños, enfermos y sanos, débiles y robustos etc.; pero en este caso dicen lo que todo el mundo sabia, y acaban por confesar que la proposicion verdadera es la contradictoria de la que sentaron como principio, y que en lugar de decirse: «la ley *debe ser* una para todos, ora premie, ora castigue,» debe decirse: «la ley *no debe ser* una para todos, ora premie, ora castigue.» Hé aqui en lo que vienen á parar los que se llaman principios en la lengua de los pedantes; en aserciones tan falsas, que sus contradictorias son precisamente las verdaderas en la materia.

En cuanto á lo segundo, distingamos tambien los derechos relativos á las cosas y á las acciones: examinemos separadamente ambas clases, y resultará mas claro que la luz del medio dia, que los hombres, es decir, los individuos de la especie humana que pertenecen á una misma sociedad, no solo no son iguales en estos derechos, sino que es imposible que lo sean.

Derechos relativos á las cosas. Estos

se subdividen, como se sabe, en derecho *sobre* la cosa que ya se posee, y derecho *á* la cosa que no se posee todavía. En cuanto á los primeros ¿hay en el mundo un solo hombre racional que diga ni pretenda que cuando, constituida la sociedad, posee cada individuo alguna cosa, tienen los demas un derecho á poseerla igual al del poseesor? Cuando Pedro es dueño legítimo de una casa ó heredad, ¿tienen todavía derecho los restantes individuos á poseer aquella misma propiedad? Cuando Juan ha sido nombrado, bien ó mal, para tal destino, y ha tomado posesion, ¿tiene ya nadie el derecho de colocarse en su puesto? Nadie ha dicho ni puede decir semejante disparate. Luego ya tenemos que los individuos de un Estado no son ni pueden ser iguales en los derechos llamados *in re*. Veamos ahora si lo son en los llamados *ad rem*.

Distingamos tambien las cosas materiales que se llaman propiedades ó bienes, y los destinos ó empleos. Acerca de aquellas dicho se está por sí mismo que solo tienen derecho á ellas los que son llamados por la ley á poseerlas. Asi solo los hijos y demas que se dicen herederos forzosos, ó los nombrados por el testador, tienen derecho respectivamente á las herencias que la ley ó la voluntad del dueño les adjudica; y ninguno sostendrá que todos los españoles tienen derecho á heredar al duque de Medinaceli ó de Villahermosa, ni á nadie de quien respectivamente no sean herederos voluntarios ó forzosos.—Esto es notorio: luego todos los individuos de una sociedad no son iguales en los derechos denominados *ad rem*, á lo menos respecto de las cosas que se llaman propiedades ó bienes, ya raices, ya muebles, ya semovientes.

Si de los bienes pasamos á los empleos, sin necesidad de repetir lo que ya se dijo relativamente al diferente derecho que cada individuo puede tener á ellos, atendidas sus circunstancias personales de talento, capacidad actual, nacimiento, educacion, probidad y méritos: circunstancias en que es imposible hallar dos individuos absolutamente iguales; entremos en otras consideraciones. 1.ª Es innegable que en ningun pais bien gobernado tienen las mugeres derecho, ni deben tenerle, á los empleos, á no ser al trono, donde se les permite heredarle con la mira de evitar el advenimiento de líneas transversales y dinastías extrangeras. Asi en ningun pais racional se concede derecho á las hembras para optar, en igualdad con los varones, á los empleos de toga, administracion y milicia. Luego á lo menos por esta parte es falso que todos los individuos de la sociedad tienen igual derecho á los empleos. Es necesario añadir la palabra *varones*. 2.º Aun limitando á estos la supuesta igualdad, es falso tambien que todos tengan derecho á los destinos; y es necesario excluir los niños, los fátuos, los dementes, los presuntos reos ó puestos en juicio, los criminales ya juzgados y condenados á pena infamante mientras estan cumpliendo la condena, los extrangeros que no han renunciado al fuero de extrangería, los que solo son naturalizados y no han obtenido carta de ciudadanos, los esclavos, si los hubiere, y sus hijos si la ley positiva no los habilita, los fisicamente imposibilitados para obtenerlos, como para algunos destinos los mudos, los ciegos etc. Luego aun limitando el derecho á los solos varones, es necesario añadir «ciudadanos hábiles.» ¡Cuántas porciones vamos ya quitando de aquel «todos los hombres son iguales en derechos» con que tanto se llenan la boca los jacobinos! 3.º Reducido aquel *todos* á los solos ciudadanos hábiles y en actual ejercicio y goce de la ciudadanía, todavía es falso que *todos* ellos tengan *igual* derecho á *todos* los empleos que vaquen, porque hay algunos que piden ciertas condiciones y circunstancias que no se encuentran en todos, y esto en cualquiera legislacion. ¿En qué pais del mundo tienen los legos derecho á los destinos eclesiásticos, y los paisanos á los empleos militares? Ademas en todas partes exigen las leyes ciertas condiciones para determinados destinos; y en este caso es evidente que los que no se hallan en la demarcacion de la ley, no tienen derecho á ellos. Asi en Inglaterra solo los nobles de origen, ó ya ennoblecidos por el Rey ó el episcopado, pueden ser individuos de la Cámara de Pares, y en Francia la ley requiere cierta edad y cierto censo para ser elector y miembro de la Cámara de Diputados, y para otros destinos de los llamados de república: luego los que no se hallan en aquella categoría no tienen el mismo derecho á ellos que los que reunen las condiciones legales: luego aun los ciudadanos actuales no son iguales en derecho relativamente á la provision de los empleos. Si esto no es evidente, no sé yo qué se llamará evidencia.

Se dirá: no es ese el sentido en que se quiere que los ciudadanos tengan todos derecho á los empleos y cargos: lo que se dice es que la ley no debe excluir de ellos á ninguno que reuna las circunstancias exigidas por la misma ley.—Entonces el gran principio se reduce á una perogrullada que todo el mundo sabia, y nadie negó jamas, á saber: que la ley no debe *excluir* á los que *admite*. Sin duda, y hasta ahora en nacion alguna del mundo no ha habido una ley que diga: «Todos los individuos que se hallen adornados de tales y cuales circunstancias, podrán optar á tales y cuales destinos;» y que luego añada: «Pero aun estando adornados de ellas no tendrán derecho á los destinos que las requieran.»

Se insistirá: «no es eso tampoco lo que se dice: lo que se pretende es que la ley no excluya á nadie por la sola razon del nacimiento.» Ya hemos visto que el que tuvo la desgracia de nacer de un padre envilecido en la opinion por su oficio, no debe ser admitido á los empleos honoríficos en dos casos: 1.° cuando él abrazó y está ejerciendo actualmente la profesion de su padre, ú otra notoriamente envilecida: 2.° cuando dedicado á alguna de las honrosas no ha borrado con méritos relevantes la mancha involuntaria de su origen. Esto quiere decir que el hijo del verdugo ó matachin, que tambien ahora ahorca hombres ó descuartiza carneros, ó que en otra carrera honrosa no ha lavado aquella mancha, no debe ser admitido á los honores públicos. ¿Se niega ésto, ó se concede? ¿Se niega? las naciones todas se levantarán contra tan antisocial doctrina; porque ninguna de ellas querrá consentir en que el que está matando hombres ó animales, ó nada ha hecho que le saque de tan oscura condicion, pase desde la horca, la tabla, ó la oscuridad infamante á presidir un Tribunal ó á despachar un Ministerio. ¿Se concede que el hijo de padre vil cuando actualmente ejerce una profesion envilecida, ó no ha resarcido esta desgracia con relevantes servicios, no debe optar á los destinos con igual derecho que los que pertenecen á clases mas distinguidas en la estimacion comun? tendremos que el nacimiento bajo, si el hombre no ha salido de la esfera en que le colocó esta desgraciada casualidad, puede ser un obstáculo legal que destruya la supuesta igualdad de derecho á los empleos; y que solo en el caso de que elevándose sobre la clase en que nació logra anular aquella tacha y destruir aquel obstáculo, es cuando podrá optar á ellos. Pasemos mas adelante. Ya he dicho que hay oficios tan viles, v. gr. el de verdugo, que aun ennoblecidos los hijos por sus méritos personales todavía no permite la delicadeza, ni es conforme al interes de los mismos individuos, que se les confieran ciertos destinos en que sus compañeros no querrian alternar con ellos, y en que su amor propio se veria humillado á cada paso. Y esto es de notoria verdad. Resulta pues que en semejantes clases, solo cuando no se sepa el origen del individuo, ó cuando pasadas algunas generaciones se haya olvidado enteramente, es cuando se puede optar á destinos elevados.

¿Qué es pues lo que se puede pretender racionalmente? ¿Que aquellos hombres, que aunque no hayan nacido en la púrpura ni en los palacios de los Grandes, tampoco pertenecen á las ínfimas y deshonradísimas clases, sino que son hijos de padres, pobres sí, pero honrados, como el labrador y el menestral decente, tengan abierta la puerta á los destinos honoríficos si tienen la instruccion y probidad necesárias para desempeñarlos; en suma, que la nobleza de pergaminos no debe dar derechos exclusivos á los empleos? ¿Si? ¿es este todo el gran dogma de la igualdad? Pues en España, gracias á Dios, se ha profesado constantemente, salvas algunas ligeras excepciones de que me haré cargo. Vamos á probarlo.

En primer lugar: es notorio que la puerta á las dignidades eclesiásticas estuvo siempre abierta á todo el que acreditase, no ejecutoriada nobleza, sino simple limpieza de sangre; que aun en esta parte hubo bastante connivencia, y que por medio de la carrera eclesiástica hombres de muy humilde nacimiento se elevaron no solo á las mitras y capelos, sino á los primeros empleos de la gerarquía civil; y hace mas de trescientos años la Europa vió mandar ejércitos y gobernar el reyno á un pobre frayle francisco. Y como este ¡cuántos otros ejemplos ofrece nuestra historia hasta en los siglos que se llaman de ignorancia!

En segundo lugar: aun sin el salvo conducto de la iglesia, los altos empleos que piden ciencia y aprendizage han sido accesibles á todos los que por una feliz reunion de circunstancias han podido dar á conocer su mérito. ¡Cuántos Consejeros, Presidentes de Consejos, Ministros, Embajadores, Intendentes, Directores generales etc. pudieran citarse, á quienes elevó á tan brillantes destinos su mérito personal y no la ejecutoria de nobleza! Conque si el gran principio de la igualdad tan pomposa y enfáticamente predicado quiere decir en resolucion, que la virtud y el mérito deben ser premiados con la confianza de los Gobiernos, con la estimacion pública y con los empleos honoríficos; esto ya se hacia mas ó menos en todas partes, y señaladamente en España, sin necesidad de alborotar el universo, trastornar las naciones, y hacer derramar torrentes de sangre para establecer una verdad reconocida y practicada.

Las únicas excepciones que la ley,

ó la costumbre, oponian entre nostros al principio general, se reducian, bien examinadas, á confirmarle. Y no parezca paradoja. Se exigian papeles de nobleza para las plazas togadas, para los cuerpos facultativos militares, para entrar de cadetes en los demas del ejército, y aun para ciertas catedrales. Y bien, este requisito ¿á qué se reducia en la práctica? A que todo el que era hijo de los que se llaman padres honrados, aunque no fuesen rigurosamente nobles, era admitido en aquellas corporaciones, 1.º porque en el exámen de los papeles, á no resultar el candidato hijo de verdugo, carnicero, zurrador, ó cosa muy parecida, habia mucha indulgencia: 2.º porque siendo tantas las familias nobles, era tan facil probar el entronque con alguna, que rarísimo será el ejemplar que se cite de un pretendiente que no siendo notoriamente envilecido por el oficio de su padre, fuese repelido por la falta de nobleza: 3.º porque la puerta estaba abierta para hacerse noble á todo el que lo solicitaba, y podia seguir el pleyto en las salas de hijos-dalgo: 4.º porque las leyes mismas ennoblecian de hecho á una multitud de profesiones, señaladamente las literarias y curiales, desde el primer catedrático y abogado hasta el último maestro de niños ó notario de los Reynos: 5.º finalmente, porque la riqueza tapaba las macas, é igualaba en cierto modo las clases: 6.º porque la carrera militar, que á no empezar por cadete estaba abierta á todo el mundo, ennoblecia á las familias de los que en ella tenian la dicha de distinguirse por señalados servicios. En nuestros dias, para no hablar de los Minas, Empecinados, Chalecos, Abuelos, Chapalangarras etc., hemos visto á un Barceló llegar desde simple patron de barco á Teniente general. De suerte que los tan ponderados privilegios de la nobleza, relativamente á la provision de los empleos, se reducian en suma á excluir de ellos á los verdugos, carniceros, zurradores y algun otro, y á sus inmediatos hijos; y esto ya se ve que, sobre fundado en razon, era un tributo pagado á la opinion; tributo que ahora todavía, y acaso siempre, habrá que pagarla, y no será grande el mal que resulte de que se le continúe pagando. Asi, lo único en que pudiera variarse la antigua legislacion seria en sustituir á la palabra *nobleza* la de *clase honrada*; declarando que no se reputan por tales la de verdugo, torero, cortante, con sus auxiliares, trapero, por lo que tienen de mata-perros, y alguna otra; porque las de este jaez no se ennoblecerán nunca en la opinion, por mas que las leyes hagan.

No quiero dejar este punto de la mano sin decir algo de nuestros antiguos colegios mayores; porque en tanto como se ha declamado contra ellos, al lado de alguna verdad hay mucho de falso ó exagerado.

1.° No es cierto que sus alumnos tuviesen el privilegio exclusivo de las togas y canongías: tenian, sí, cierto favor, y en igualdad de circunstancias eran preferidos; pero tambien optaban á ellas, y entraban muchas veces los que no eran colegiales.

2.° La intencion de los que á título

de reforma destruyeron nuestros colegios mayores, pudo ser buena, y yo creo que lo seria; pero los efectos de sus providencias han sido notoriamente funestos. Todo hombre de buena fe reconoce hoy y confiesa que la toga española perdió mucho de su antiguo lustre, y nada ganó en virtudes, desde que se poblaron los tribunales con novios de camaristas y abogados pobretones. Los antiguos colegiales serian menos sabios que los abogados de oficio que han ocupado sus sillas, y aun esto es mucho conceder; pero es innegable que en finura, decoro, pundonor, honradez y limpieza de manos les llevaban por lo general mucha ventaja. Ahora, si estas son ó no prendas importantes en los jueces, que lo digan los litigantes. ¿Y qué necesitamos de litigantes? que lo diga la razon. Una de las cosas que con otras muchas ha contribuido á propagar entre nosotros el sansculotismo frances, la funesta doctrina de la igualdad, y la nivelacion jacobínica, y que á favor de estos principios ha traido la famosa

Constitucion gaditana y el reynado de los obscuros pedantes que nos han perdido, fue la destruccion de los colegios. ¿Cuándo, si estos hubiesen subsistido, habriamos visto en los Consejos, en las Audiencias, en los Juzgados, y hasta en las Córtes hambrientos letrados, que á muy escasa doctrina añadiesen la petulancia, grosería, venalidad y demas vicios de miserables y descamisados *parvenus*, que ni aun para fámulos hubieran sido buenos en los antiguos colegios?

3.º No es tan cierto, como se supone, que en una monarquía en que se reconoce la nobleza de origen con vinculaciones que perpetúen y acumulen las riquezas en ciertas familias, no deban reservarse ciertos destinos elevados para los individuos de estas familias privilegiadas. No hablemos de las Cámaras de Pares donde las haya hereditarias, pero aun en los destinos de libre nombramiento del Rey no habria gran mal en que, cuidando al mismo tiempo de que se diese una excelente educacion á los hijos de los Grandes, se escogieran de entre los mas sobresalientes é instruidos de su clase los Ministros, Embajadores, Vireyes de ultramar, Capitanes generales de mar y tierra (suponiendo que hubiesen llegado á estos grados por rigurosos ascensos empezando desde cadetes), Gobernadores de las provincias, y aun Presidentes de los Consejos supremos. Una de las causas á que entre otras muchas debe Inglaterra la solidez de su gobierno y el sistema constante de política que sigue su Gabinete, es que este se compone por lo comun de individuos, que si no son los primogénitos que llevan el título de la casa, pertenecen á las primeras familias, ó estan emparentados con ellas, y que los altos empleos y de mayor confianza se dan tambien á la nobleza. Nuestras pobres gentes cuando oyen hablar de Pitt, Fox y otros célebres estadistas ingleses, y de Generales como Nelson y Wellington, se figuran que aquellos eran abogadillos de guardilla, y estos unos zafios guerrilleros; y no saben que sobre pertenecer á ilustres y muy antiguas familias, se habian preparado con una excelente educacion á ser los primeros hombres de su pais. Yo bien sé que sin esta la cualidad del nacimiento vale poco; pero precisamente por eso digo, que en suposicion de que haya en el Estado una nobleza hereditariamente rica, como ella es la que puede dar á sus hijos mas brillante educacion, estos, si en efecto la han recibido, son los mas á propósito para los altos empleos.

Si ahora se me preguntase si en una monarquía no despótica sino absoluta, es decir, sin fantasmagorías constitucionales, debe haber una nobleza hereditaria, constantemente rica por medio de vinculaciones, y al mismo tiempo muy instruida, responderé una cosa que sin duda sorprenderá á los que no hayan meditado sobre esta importante cuestion. Para que el poder del Príncipe sea tan grande, fuerte, único y concentrado, como acaso conviene para mantener el orden y evitar convulsiones y revoluciones políticas, no debe haber semejante nobleza; pero es útil, si se quiere templar, disminuir y contrapesar de algun modo aquel gran poder del Príncipe. Mas breve: el sistema de la division y equilibrio del poder exige esa especie de nobleza; el de la única potestad pediria que no la hubiese. Esto está en contradiccion con la opinion vulgar de que la nobleza hereditaria y amayorazgada es el mas firme apoyo de los tronos; pero esta opinion no es cierta. El trono mas poderoso y respetado es aquel bajo cuyo cetro no hay destino, honor, título, condecoracion, pension ni gracia que no sea personal, vitalicia, y aun amovible en ciertos casos, y que por consiguiente no la deba el individuo al Monarca que le ocupa. Reflexiónese bien este principio, y se verá que si los Príncipes del Continente de Europa habian acrecentado y consolidado tanto su poder desde Carlos V hasta que las revoluciones jacobínicas han venido á disminuirle y desquiciarle, era porque desde entonces habian ido concentrando entre sus manos toda la autoridad civil, y habian abatido la alta nobleza, reduciéndola á un vano título que solo daba entrada en palacio para obtener una llave de Gentil-hombre. Este es punto que pediria una disertacion particular. A su tiempo le ilustraré completamente; por ahora baste esta ligera indicacion.

Si de los derechos relativos á las cosas pasamos á los relativos á las acciones, hay que distinguir aquellas que presuponen autoridad ó poder, y las que no requieren mas que el simple permiso ó la no prohibicion. En cuanto á estas, nadie ha negado jámas que todos pueden ejecutarlas; y por consiguiente, si este es el gran secreto que han revelado al mundo los filósofos modernos, pudieran habérsele guardado, porque ninguna falta hacia tan estupenda revelacion. En efecto, desde que existen las sociedades se sabia, y por sabido se callaba, que si la ley no prohibe comer, beber y dormir, todos los individuos del Estado tienen igual derecho á comer y beber cuando tengan gana y qué, y á meterse en la cama, si la tienen, cuando el sueño les sobrecoja y alguna circunstancia particular no se lo impida. No serán pues las acciones de esta clase á las que segun los jacobinos tienen igual derecho todos los individuos de la nacion; serán sin duda aquellas para las cuales se requiere cierta autoridad concedida ó asegurada por la ley. Examinémoslas, y veremos que tampoco en estas es igual el derecho que todos tienen á ejecutarlas.

La autoridad, como se sabe, es de dos especies, pública y privada; aquella está aneja á los destinos ó empleos, y esta al grado que ocupa cada uno en la gerarquía doméstica. Empecemos por la última, y dígasenos si son iguales los derechos del hijo menor y los del padre, los del pupilo y el tutor, los del criado y el amo, los del discípulo y el maestro, los del trabajador y el que le emplea, los de la muger y el marido etc. etc. Paréceme que nadie se atreverá á sostener que si el padre tiene derecho á reprender y á castigar á su hijo, este tiene igual derecho á reprender y castigar á su padre; que si el amo tiene derecho á mandar y regañar á su criado, este tiene igual derecho á mandar y regañar á su amo; que si el maestro tiene derecho á señalar al discípulo las horas en que ha de estudiar y á imponerle penas cuando quebranta sus órdenes, el discípulo tiene igual derecho á dárselas al maestro, y á penarle por su inobediencia etc. etc.; porque el hecho es tan evidente, que seria ridículo extender mas la demostracion. Y ni aun me hubiera detenido en una cosa tan clara, si materialmente no hubiésemos visto sostenidas de hecho tan absurdas pretensiones en los tres dichosos años del filosófico gobierno de la pedantería gaditana. Pero no se tome á chanza; ha habido criados que han querido comer á la mesa con sus amos, y que estos alternasen con ellos en el alcanzar los platos; discípulos que se han negado á obedecer á sus maestros; hijos que si sus padres iban á castigarlos les amenazaban con usar de represalias; y mugeres que por la igualdad constitucional se creian exentas de obedecer á sus maridos en lo que estos les mandaban con justo título como cabezas de la familia. ¡Asi se ha difundido entre nosotros el espíritu de insubordinacion é indisciplina que estamos viendo aun en las familias, y que costará trabajo y tiempo desarraygar enteramente!

En cuanto á la autoridad que dan los destinos públicos, poco habria que decir tampoco, si no fuese necesario combatir cierta paradoja, ó por mejor decir cierto desatino de marca que luego veremos, y que escritores muy modernos han estampado con tanta confianza como si fuese una decision de oráculo. En efecto, hasta que los apóstoles del error se han coligado para trastornar y confundir todas las ideas recibidas, y ponen en duda hasta la misma evidencia, ¿ha habido en el mundo un solo hombre que haya desconocido ó negado, que los diferentes destinos del servicio público dan á los que los ocupan derechos muy variados y desiguales; y que, por ejemplo, el General, el Obispo, el Juez, el Administrador civil tienen derechos propios de que no gozan los ciudadanos que no pertenecen á estas clases? ¿Quién hasta ahora ha desconocido, que pues estos destinos llevan consigo ciertas obligaciones, han de tener anejos ciertos derechos análogos, ó lo que es lo mismo, que á las obligaciones de los que mandan han de corresponder ciertas obligaciones en los que han de obedecer, y á las de los que sirven al público otras en aquellos para cuya utilidad se establecieron los destinos? El último patan del campo ¿no sabe y reconoce que por cuanto los defensores de la patria tienen que hacer en servicio suyo largos y frecuentes viages, tienen *derecho* á hospedarse en las casas de los particulares; derecho que no tienen los que no son militares: que por cuanto el soldado, el eclesiástico y el empleado civil estan obligados á ocupar en beneficio del Estado el tiempo en que podrian ganar de comer con otro género de trabajo, tienen derecho á que el Estado los mantenga, y que no le tienen *igual* los que no son militares, eclesiásticos ni empleados: y que por cuanto los jueces estan encargados de aplicar las leyes penales, tienen el derecho de mandar prender, y castigar á los delincuentes; y que los que no son jueces no tienen *igual derecho?* ¿Puede nadie negar, que pues el Príncipe, y bajo sus órdenes los ministros y demas gobernantes, estan encargados de atender á la seguridad interior y exterior de las naciones, de mantener el orden público, y cuidar de la administracion de justicia etc., tienen incontestable derecho á expedir órdenes, á nombrar empleados subalternos etc. etc., y que no tienen *iguales derechos* los que no son Príncipes, ministros ni gobernantes? ¿Es esto evidente? ¿es cierto, certísimo, innegable? ¿Sí? Pues hay escritores muy famosos que creyendo decir una gran cosa han dicho que «hablando con propiedad, los gobernantes no tienen *derechos* sino *obligaciones*.» ¡Pobres hombres! ¿Pues no ven que estas obligaciones llevan consigo las facultades necesarias para cumplirlas, y que estas mismas facultades les dan por consiguiente *derecho* á hacer todo lo que exige el cumplimiento de sus respectivos cargos;

derecho que no puede competir á los que no tienen semejantes obligaciones? Elevemos esta doctrina al grado de rigurosa démostracion.

Su misma dignidad impone al Príncipe la obligacion de defender la nacion contra los enemigos exteriores, y esta obligacion lleva consigo la facultad de nombrar los generales que en caso de guerra han de mandar los ejércitos: ¿no tendrá *derecho* á nombrarlos? El Rey encarga al ministro que comunique sus órdenes; y esta obligacion lleva consigo la facultad de expedirlas, y de cuidar de su ejecucion: ¿no tendrá el ministro *derecho* á comunicar y hacer que se ejecuten las órdenes del Monarca? La ley y su mismo nombramiento imponen á los jueces civiles y criminales la obligacion de fallar pleytos, y perseguir á los delincuentes; y esta obligacion lleva aneja la facultad de juzgar, formar sumarios, decretar prisiones etc.: ¿no tendrán los jueces *derecho* á enjuiciar, juzgar y prender, segun los casos? La ley y la naturaleza del destino imponen á los Alcaldes y

Ayuntamientos la obligacion de cuidar de la policía urbana de los pueblos, ó de su aseo, salubridad etc.; y esta obligacion misma los autoriza á publicar bandos de buen gobierno, y celar su ejecucion: ¿no tendrán *derecho* á publicarlos, cuidar de que se observen, y penar á los contraventores? El Intendente de una provincia está obligado á recaudar las contribuciones, y tiene en consecuencia la facultad necesaria para apremiar á los morosos en el pago embargándoles ciertos bienes: ¿no tendrá pues *derecho* á expedir mandatos de apremio, y á decretar en su caso la venta de los efectos embargados? En suma, ¿hay un solo destino público en el cual no esté aneja á una obligacion particular la facultad necesaria para cumplirla? ¿y esta facultad no da *derecho* á ejecutar aquellas acciones respecto de las cuales se concede? ¿No es esto mas evidente que la evidencia misma? Si el guarda de puertas tiene la facultad de registrar las cargas y efectos que se quieren introducir, ¿no tendrá el *derecho* de registrarlas en efecto? Si el soldado tiene por su oficio la facultad de llevar armas, ¿no tendrá el *derecho* de llevarlas? Vuelvo á repetir que esto es lo que con razon se llama «*luce meridiana clarius;*» y ahora pregunto: ¿En una monarquía absoluta (porque si hay benditas Cortes puede que se reserven la facultad de nombrar hasta los cabos de escuadra) el que no es Príncipe ¿tiene derecho á nombrar los generales de los ejércitos? Y en todo gobierno, el que no es ministro ¿tiene derecho á comunicar órdenes generales que obliguen en todas partes? ¿el que no es juez tiene derecho á dar autos de prision, comparecencia, careo, traslado, compulsa etc. etc.? el que no está encargado de la policía ¿tiene *derecho* á publicar bandos de buen gobierno, é imponer y exigir multas á los infractores del bando? el que no es Intendente ó cosa parecida ¿tiene *derecho* á despachar apremios contra los morosos en el pago de los tributos? el que no es soldado, ó por otro título no está autorizado á llevar ciertas armas, ¿tiene *derecho* á llevarlas?

Se dirá acaso que no debo insistir tanto en una cosa tan evidente; pero yo sé que todo esto y mucho mas es necesario para demostrar, sin que haya lugar á réplica, que en toda sociedad los empleados públicos tienen ciertos derechos respectivos, que no tienen ni pueden ni deben tener los que no son empleados; que por consiguiente aquellos tienen derecho á ejecutar una multitud de acciones que no tienen derecho á ejecutar los simples particulares; y que por tanto es falso y falsísimo que todos los individuos de un Estado son iguales en los derechos relativos á las acciones que piden cierta autorizacion legal. Ademas era necesario rebatir el error harto acreditado de que los gobernantes no tienen por este título derechos verdaderamente tales, sino puras obligaciones: error fundado en un absurdo tan de bulto, que deberian avergonzarse los mismos que le sostienen; pues en suma se reduce á decir, que el hombre que tiene *facultad legal* de hacer una cosa, no tiene derecho á hacerla. ¿Pues qué es el derecho á hacer una cosa sino la facultad legal de hacerla? ¡A tales inepcias conducen el prurito de innovar, y la manía de combatir las ideas recibidas!

¿En qué sentido, pues, se preguntará ahora, puede sostenerse que los hombres son iguales en derechos? La respuesta es muy sencilla. El estado mismo de sociedad exige, que respecto de aquellas cosas y acciones que son comunes á todos los individuos de un Estado, haya reglas ó leyes generales, que sean comunes y aplicables á todos ellos; y estas leyes, al paso que les imponen obligaciones iguales, les aseguran en consecuencia derechos tambien iguales en su generalidad, salvas algunas diferencias individuales, que siempre serán inevitables. Los ejemplos lo aclararán.

Todos los individuos del Estado son propietarios de alguna cosa, aunque no sea mas que del miserable andrajo que cubre su desnudez; y en consecuencia las leyes que arreglan lo concerniente á la propiedad en general, modo de adquirirla, transmitirla etc., son comunes á todos los individuos, y todos por lo mismo son iguales en los derechos que crean aquellas leyes. Todos los individuos libres pueden disponer de sus personas, y por tanto las disposiciones legislativas concernientes á las personas son comunes en su generalidad, y crean en esta parte derechos iguales á favor de todos los comprendidos en ellas. Asi todos los habitantes de un pais le tienen á que la fuerza pública los proteja contra las vejaciones de toda especie de que pueden ser objeto, ó lo que es lo mismo á que el Estado defienda en general sus vidas, personas y propiedades; aunque luego en particular la ley puede conceder á ciertos individuos una proteccion mas especial. Asi vemos que muy justamente la ley concede al Príncipe una guardia numerosa que defienda su persona, y á ciertos gefes y magistrados da ciertos medios de defensa que no da á los simples particulares. La esencia misma de la sociedad impone á todos los individuos de un Estado la obligacion de contribuir á los gastos comunes en proporcion de sus haberes, y les da por consiguiente igual derecho á que no se les exija mas de lo que en rigor les corresponda. La esencia misma de la sociedad impone á todos la obligacion de concurrir segun sus fuerzas á la defensa comun, y todos tienen por lo mismo igual derecho á que no se les exiga un servicio que no corresponda á su fuerza individual; pero de este mismo derecho resultan una multitud de justísimas excepciones, que es necesario hacer en cuanto al servicio personal: 1.º habrá que exceptuar á las mugeres: 2.º á los varones impúberes: 3.º á los ancianos: 4.º á los fisicamente inhábiles, y por otras consideraciones á los que prestan un servicio mas útil permaneciendo en su casa que marchando á la frontera: tales son los hijos únicos de viuda ó padre sexagenario, los que estan ya sirviendo en destinos incompatibles con la profesion de las armas, como los eclesiásticos, los magistrados, profesores públicos etc. etc. En suma, todo lo que hay que decir en esta parte, se reduce á que las leyes de un pais son ó generales ó particulares: que aquellas crean derechos comunes, y estas derechos particulares: que en los primeros son iguales todos los individuos á que son aplicables las llamadas leyes comunes, y que de los segundos solo gozan aquellos individuos que estan comprendidos en las que se denominan particulares. ¿No es esto asi? ¿Hay quien pueda ponerlo en duda? Pues bien, si á esto se reduce la tan predicada y encarecida igualdad de los derechos, ¿qué nuevo arcano se ha revelado al universo? Esta division de las leyes en generales y particulares, ¿no existe desde que existen leyes en el mundo? Pues ¿á qué alborotar con una trivialidad que todo el mundo sabia? ¿Y á qué se reduce en definitiva el gran principio, el derecho natural, sagrado, inalienable é imprescriptible de la igualdad? A que los hombres reunidos en sociedad son iguales en un cortísimo número de derechos, y muy desiguales en los restantes, y á que en todo lo demas ni son ni pueden ser iguales, ni conviene que lo sean.

Quizá replicará algun furibundo jacobino, como Baboeuf: pues cabalmente lo que nuestra secta pretende es que desaparezcan del mundo esas leyes particulares, esas excepciones, esos *ominosos* privilegios; y que en las naciones no haya mas que leyes generales sin excepcion alguna, y sin privilegios que las modifiquen, particularicen y anulen.—En efecto, á tomar á la letra las vagas declamaciones de los últimos publicistas contra los privilegios, parece que no atreviéndose ya por vergüenza á hablar de la igualdad, como hablaron en su tiempo los niveladores de Francia, quieren todavía sostenerla, empleando la vaga expresion de *privilégio*. Es pues necesario quitarles tambien este último efugio tan maliciosamente buscado, explicando lo que se entiende por privilegio, y demostrando, que en cualquiera acepcion que se tome la palabra, no puede menos de haber privilegios en toda buena legislacion, y es justísimo y convenientísimo que los haya.

La palabra *privilegio* tiene tres acepciones legales, y muy legales: 1.ª ley que arregla y determina ciertos casos, ciertas obligaciones, ciertas acciones, en suma, ciertos objetos particulares, y esta es la definicion general, etimológica y legal de la palabra: «*Privilegium est privata lex.*» 2.ª Exencion de alguna carga á favor de uno ó varios particulares. 3.ª Concesion de alguna gracia, hecha tambien á uno ó muchos individuos. Examinemos una por una estas tres acepciones, y veamos lo que en cada caso hacen y deben hacer las buenas leyes.

En cuanto á las que sin ser excepciones ni gracias propiamente dichas se llaman leyes particulares, es tan claro como la luz, que no solo debe haberlas, sino que es imposible que no las haya en cualquier Estado del mundo, y que las hubo y habrá en todas las sociedades medianamente civilizadas. 1.º En todas hay y hubo siempre, y habrá, una cosa que se llame religion, y consista en lo que quiera. Es pues necesario que la ley arregle bien ó mal todo lo concerniente al ejercicio de esta religion, ó religiones, si son varias; y ya tenemos una ley particular, un *privilegio, leyes sobre cultos.* 2.° En toda nacion hay una fuerza pública, y es necesario regularizar el uso y empleo de esta fuerza. Ya tenemos pues otra ley particular, *otro privilegio, leyes ú ordenanzas militares.* En toda nacion hay gastos comunes, y es necesario que una ley arregle el modo de subvenir á ellos, y regularice todo lo concerniente á la reparticion, recaudacion y empleo de estos fondos: ya tenemos otra ley particular, *otro privilegio, ley de hacienda.* En toda nacion tal cual numerosa hay comercio interior y exterior; y es necesario que las leyes regularicen sus operaciones: ya tenemos otra ley particular, *otro privilegio, leyes ó código de comercio.* En fin para no cansarnos, en toda sociedad son necesarias leyes particulares ó privilegios, conocidos con los títulos de códigos ú ordenanzas de hipotecas, rurales, de montes, de aduanas, y de marina, si la nacion tiene puertos, etc.

etc., y luego una multitud de reglamentos indispensables para facilitar la ejecucion de aquellas leyes particulares.

¿Y qué se infiere de aqui? Que de estos códigos, estas leyes y estos reglamentos particulares resultan una multitud de rigorosos y verdaderos privilegios, aun tomada esta palabra en el sentido de excepcion ó gracia particular, porque todos ellos al paso que imponen ciertas obligaciones á solos aquellos individuos á quienes se refieren, les conceden ciertos derechos, que son otras tantas gracias ó exenciones. Asi la ordenanza del ejército, al mismo tiempo que especifica las obligaciones de los defensores de la patria, les asegura ciertos fueros de que no gozan los que no son militares, y los exime de ciertas cargas á que lòs demas estan sujetos: el derecho de uniforme, hospedage, y porte de armas, el de percibir el sueldo, el de ser juzgado en los delitos militares por consejos de guerra y por un código particular etc., son otros tantos privilegios de la clase militar, justos, justísimos en toda legislacion. Asi las leyes civiles relativas á negocios eclesiásticos, al paso que sujetan á los individuos del clero á ciertas obligaciones que no tienen los seglares ó legos, les aseguran y deben asegurarles ciertos derechos privativos, y les conceden ciertas inmunidades ó exenciones muy justas, como la de no servir en la milicia, y otras etc. etc., porque es imposible recorrer aqui todos los códigos particulares.

En cuanto á las exenciones de las cargas públicas, ademas de las que van anejas, como acabamos de ver, á ciertas profesiones, hay todavía otras muy justas y necesarias, concedidas en ciertos casos á determinados individuos. Por ejemplo, se quiere fomentar tal ramo de cultivo; y se ofrece que al que destinare á él tantas ó cuantas fanegas de tierra, antes incultas, se le eximirá de la contribucion directa por dos, tres ó mas años. ¿Es esto injusto? No por cierto. Se trata de fundar una colonia ó nueva poblacion, y se ofrece á los colonos exencion de todas las contribuciones por espacio de diez años.

¿Está mal hecho? Nadie que tenga juicio se atreverá á sostener que sí.

Lo mismo debe decirse de la concesion de ciertas gracias. Sin contar las que son como inherentes á las clases y profesiones, y que por esta razon se llaman sus derechos, privilegios, ó prerogativas; privilegios justos y justísimos, como queda ya probado, pues son consiguientes á las facultades que necesitan para desempeñar sus respectivas obligaciones; hay todavía otras gracias mas particulares, que en todo buen gobierno se conceden á determinados individuos. Asi, por ejemplo, al que inventa una máquina ó cualquier utensilio se le concede la venta exclusiva de su artefacto por tantos ó cuantos años; y es muy justo que asi se haga para fomentar la industria. Tambien para animar el cultivo en tales ó cuales ramos se conceden premios honoríficos ó pecuniarios á los que mas los promuevan; y para facilitar la extraccion ó importacion de ciertos géneros, se dan tambien premios á los que extraygan ó introduzcan mayores cantidades, á razon de tanto por fanega, ó tonelada, ó lo que fuere.

Hay mas: puede asegurarse con verdad que el alma de las sociedades son los privilegios, si se otorgan con justo discernimiento. ¿Qué son en efecto sino privilegios, las condecoraciones, mercedes, pensiones y gracias de toda especie, que conceden y deben conceder los Gobiernos para estimular á los individuos, premiar el mérito y promover la felicidad? Cada cruz, cada banda, cada título, cada pension ¿no es un privilegio concedido al que le obtiene para llevar tal condecoracion, ó gozar de tales honores ó rentas, privilegio de que no gozan los que no lograron aquella gracia? ¿Y es este un atentado contra el imprescriptible derecho de la igualdad? ¿Comete sacrilegio el Gobierno que por tantos medios trabaja en hacer desiguales á los individuos de una misma sociedad? A estos atentados, á esta violacion es á la que deben las naciones su existencia y prosperidad. El que lo dude, que vaya á la liberalísima Inglaterra, que examine su Constitucion y sus leyes, y verá que jamas hubo en el mundo un pais de tantos y tan varios privilegios. Ademas de la nobleza hereditaria, los mayorazgos, los títulos, las cruces y calvarios, los fueros militares y eclesiásticos, las jurisdicciones privadas del Banco del Rey, el Almirantazgo y otras, las pensiones, y aun los beneficios simples civiles, las *sine-curas*, que no se conocen sino alli; no se inventa una herramienta del valor de dos pesetas, cuando ya tiene el inventor su privilegio ó patente de invencion, que le asegura la venta exclusiva de su artefacto por mas ó menos tiempo. Y aun alli se ve lo que no se ve en parte alguna. En los otros paises, cuando hay escasez de granos se dan premios á los que los introduzcan, y en Inglaterra se ofrecen á los que mas prisa se dieren á extraerlos, y en mayores cantidades. Y es de notar que al que extrayga lana del pais, haya de ella abundancia ó escasez, se le imponen penas gravísimas. Esto se llama entenderlo.

¿Cuáles son pues, se preguntará, los

privilegios perjudiciales? Solo puede establecerse una regla general; el aplicarla con tino dependerá en cada caso de la prudencia de los Gobiernos. Los privilegios perjudiciales son aquellos que en el orden regular deben producir cierto mal, mayor que el bien que con ellos se procura ó se desea obtener. Asi limitándonos á generalidades puede establecerse por regla, que á no ser en el caso de nueva fundacion, desmonte ó cultivo de tierras antes incultas, ó por calamidad accidental, no debe concederse exencion de contribuciones; porque el bien que de ella resulta es individual, y el daño se extiende á los demas contribuyentes: que las exenciones del servicio militar no se concedan sino por la falta de aptitud física, ó por estar prestando otro servicio mas importante: que las gracias no se dispensen sino al verdadero mérito, y aun asi, con mucha economía y parsimonia; y que el monopolio ó privilegio exclusivo de venta no se conceda sino en el caso de invencion ú otro parecido.

§. 5.°

Igualdad de opinion.

Poco hay que decir en este punto. Ya hemos visto que por la sola profesion que el hombre ejerce, ó la clase á que pertenece, goza de muy distinta opinion; pero esta extiende su dominio mas allá de las clases y profesiones. Y aun puede decirse que la desigualdad de honor y estimacion en el público es la suma de todas las desigualdades que llevamos examinadas, añadiendo algunos otros principios de que hasta ahora no ha habido ocasion de hablar, como la belleza, el genio y la edad; aunque respecto de esta las canas no inspiran ya en el dia aquella veneracion que en los siglos de ignorancia, gracias al filosofismo que se ha empeñado en nivelar hasta los años.

En efecto, la opinion de que cada hombre goza entre las gentes que le conocen, está, como dicen los matemáticos, en razon compuesta del nacimiento, la edad, la fuerza física, la hermosura, la educacion, las riquezas, la capacidad actual ó instruccion, el estado, la clase, el destino, la conducta moral, el genio ó carácter, y los méritos anteactos. Y como es imposible de toda imposibilidad que haya dos individuos de la especie humana perfectamente iguales, no solo en todas estas circunstancias reunidas, pero ni aun en dos de ellas solamente; es claro que con solo atender al principio de la pública estimacion se demostraria hasta la evidencia, que no hay en el mundo dos hombres absolutamente iguales. ¿Cómo es posible que haya dos, que habiendo nacido en el mismo instante sean iguales en talento, fuerza, hermosura, educacion, bienes de fortuna, ciencia, estado, clase, destino, genio, virtud y méritos personales? Aun buscándolos en toda la duracion de los siglos seria imposible hallarlos, aunque no se tomasen en cuenta sino las cualidades del entendimiento y las circunstancias morales. Asi, no es esto lo que me propongo probar en este párrafo, porque harto evidente es por sí mismo, sino hacer algunas observaciones curiosas, y no del todo inútiles, sobre cada uno de estos principios de inmensa desigualdad, de los cuales nadie puede desentenderse, por mas que haga, y sobre los cuales no es posible dominar la opinion agena.

Acerca del nacimiento ya hemos visto que las leyes no han impedido hasta ahora ni jamas impedirán que se mire con mas respeto, aun prescidiendo de las demas circunstancias, al hijo del hombre constituido en dignidad, que al del infeliz á quien la desgracia condenó á ocuparse en ministerios reputados por infames. Y tambien hemos visto que esta que algunos llaman preocupacion no carece de fundamento.

Lo mismo hemos observado respecto de las profesiones en sí mismas, y es inútil repetir lo que ya se dijo. Desde el origen del mundo hasta el dia, y lo mismo será hasta la consumacion de los siglos, la profesion militar ha sido siempre mas honrada que la de verdugo; porque aunque en ambas se maten hombres, en la primera se matan con riesgo del matador, en el campo de batalla, en el ardor de la pelea, y como suele decirse, con honor; y en la segunda sin peligro, sobre un público cadalso, á sangre fria, y con cierta infamia por lo indefenso de la víctima.

En cuanto á los destinos queda tambien notado, que nunca pueden ser iguales en la estimacion del público los que pertenecen á diversos ramos, y dentro de uno mismo los que no se hallan en el mismo grado gerárquico. Asi nadie pretenderá que la persona de un monacillo haya de inspirar la misma veneracion que la de un Obispo, y que los cuerpos de guardia hagan los mismos honores á un Alferez que al Capitan general de la provincia.

Sobre las riquezas, ademas de la desigualdad de poder que establecen entre los que las debieron á su habilidad ó á la suerte, y los que ó no han sido tan favorecidos de la fortuna ó no han sabido aprovecharse de sus favores, es de notar que el solo presentimiento de que podremos acaso necesitar á los ricos, nos hace mirarlos de antemano con cierto respeto que no tributamos á los pobres. Entre en una tertulia un personage desconocido; dígasenos al oido que es un rico mayorazgo ó comerciante millonario, y ya desde aquel momento empezamos á tener con el ciertas atenciones, que no tendremos con el pordiosero que encontramos en la calle. Será esta una debilidad, una preocupacion, lo que se quiera; pero yo siempre repetiré: «este es el hombre.»

Otra preocupacion semejante, y del mismo modo universal é inevitable, es la del respeto que inspiran la corpulencia y fuerza física de los hombres. Los graves filósofos clamarán cuanto gusten contra esta debilidad; pero en cualquier encuentro casual siempre impondrá mas respeto el varon colosal, hercúleo y de temperamento atlético, que el de corta estatura, afeminado rostro, y enfermiza complexion. La razon es muy sencilla. Del que nos parece físicamente debil nada tememos, aunque le faltemos á alguna de aquellas atenciones que exige la buena crianza; pero no las omitiremos ciertamente respecto del hombre forzudo, de quien recelamos que acaso castigará nuestro primer desprecio de una manera que no nos deje gana de repetir el segundo. Parecerá que esta es una insignificante bagatela; pero estúdiese el mundo real, y se verá que influye no poco esta diferencia en el grado de respeto y urbanidad exterior con que se tratan los hombres. Y si á la fuerza y robustez natural se añade la circunstancia de llevar armas, ¿quién es el que en esta vida ha hecho las mismas cortesías y demostraciones de respetuoso acatamiento al encanijado é inerme currutaco que le disputa la acera, y al corpulento militar que va arrastrando el furibundo chafarote? Y esto es ahora, cuando ya las armas de fuego inutilizan en muchas ocasiones la fuerza material de los combatientes, que en otros siglos, la sola circunstancia de los puños era la que daba la preferencia.

De la misma clase, aunque menos fundada en razon, es la diferencia que resulta de la belleza ó deformidad de los individuos. No hablemos de las mugeres, entre quienes la hermosura suple por casi todas las prendas; pero aun respecto de los hombres no es tampoco indiferente haber debido á la naturaleza una fisonomía regular y al mismo tiempo agradable. En vano el que tiene la desgracia de ser feo, ó estar señalado por alguna deformidad, alegará lo de «*ipse fecit nos*,» y el racional principio de Aristóteles, «*nemo vituperabitur cœco natu*:» la ausencia de la belleza y la positiva deformidad le atraerán en el curso de la vida muchas y dolorosas humillaciones, á que no está expuesto el hombre á quien la naturaleza favoreció con una hermosa y regular presencia. No es aqui el lugar de entrar en ciertas consideraciones muy filosóficas para explicar el origen del horror ó veneracion que generalmente inspiran ciertas fisonomías: las obras de Lavater y de Gall prueban con hechos incontestables, que la configuracion exterior del rostro humano tiene mas conexion de lo que comunmente se cree con las cualidades del ánimo; y que los antiguos, en los cuales todo se encuentra, como no sean ciertos descubrimientos mecánicos, físicos, químicos y astronómicos, no carecian de razon cuando dijeron por boca de Ciceron: «*vultus sermo quidam tacitus mentis est*,» «el rostro es como un lenguage mudo del alma.» Solo observaré, aunque en esto abogue contra mis propios intereses, que para ciertos destinos espectables puede ser preferido sin injusticia, en igualdad de mérito y aptitud, el hombre de presencia magestuosa y de agradable fisonomía al feqüelo, desgarbado y contrahecho. Tan cierto es, que en esta parte en que la naturaleza ha hecho tan desiguales á los hombres, puede introducirse tambien cierta desigualdad legal. La gallarda presencia, acompañada de los otros requisitos, no es indiferente en un Embajador, un General y otros personages que deben representar en el mundo ciertos papeles de ostentacion y aparato. En el gobierno de los pueblos no se deben descuidar ni aun las cosas que miradas con cierta superficialidad parecen poco importantes.

La desigualdad en las edades es ya muy poco atendida en este siglo de insubordinacion, en que la juventud presuntuosa quiere dictar leyes á la respetable ancianidad; pero aun se conserva en los pueblos morigerados algun vestigio del respeto que en otro tiempo se merecian las canas, y en que la pública estimacion tanto distinguia al venerable, juicioso y prudente anciano, del mozalbete imberbe, atolondrado y calavera. Y nada se perderia ciertamente en que del modo posible se restituyesen sus antiguos derechos á la edad de la experiencia y del juicio. Para esto convendria mandar que en los concejos de los pueblos se sentasen y hablasen los vecinos por orden riguroso de edades, y elegir siempre los Alcaldes, Regidores y Síndicos entre los mas ancianos, que reuniesen las otras cualidades requeridas por la ley. Pudieran concederse tambien ciertas distinciones á los ancianos en otras concurrencias públicas, y señalar para muchos destinos la edad á lo menos de 30 años, como circunstancia precisa.

Sea de esto lo que fuere, siempre será cierto que la mayor sensatez, que en general debe suponerse en el hombre que ha vivido muchos años, establece cierta desigualdad, muy real y muy atendible, entre los ancianos de cada clase y los jóvenes inexpertos que acaban de entrar en el gran teatro del mundo.

La diferencia en lo que se llama genio ó carácter moral en los hombres es tan grande, que con dificultad se hallarán dos que no se distingan entre sí por alguna de aquellas variedades que mas bien se sienten que se definen. El uno es impetuoso, atrevido y emprendedor, el otro tranquilo, tímido y circunspecto: este duro, áspero é insocial; aquel blando, suave y afable: el uno cruel y feroz, el otro compasivo y humano etc. etc. Y dentro de estas mismas clases ¿quién es capaz de enumerar y explicar á los demas las imperceptibles gradaciones que se advierten en el rasgo dominante? Y de aqui ¿qué consecuencia deberá deducir el verdadero filósofo? Que cuando por imposible se pudiese prescindir en la humana sociedad de tantos otros principios de notorias é importantes desigualdades, la que resulta del solo carácter bastaria para que no se hallasen dos hombres acreedores en igual grado á la pública estimacion.

Sobre el desigual derecho al aprecio de los demas, que proviene de la diferente capacidad y educacion de los individuos, nada tendria que añadir, pues harto notorias son las ventajas que el hombre instruido y finamente educado lleva al ignorante y grosero; pero conviene refutar cierto error que en esta como en tantas otras materias se procura introducir al lado de la verdad. «Es constante, dicen los reformadores, que los hombres son por desgracia demasiado desiguales en instruccion y en crianza; pero esta desigualdad es cabalmente la que nosotros quisieramos desterrar del universo. De todas las *aristocracias* que resultan de las desigualdades naturales y fortuitas entre los hombres, la mas perniciosa y temible es la del entendimiento, el ingenio, la instruccion y la crianza. Por consiguiente es menester trabajar en destruirla; y para esto no hay otro medio que difundir *las luces* de tal manera y con tanta profusion, que penetren hasta la choza mas humilde, y que el último ciudadano esté en estado de examinar y censurar las operaciones del Gobierno, y resolver los problemas de política mas complicados y dificiles. Si el pobre pueblo es ignorante y grosero, si está mal educado en general, si esta falta de crianza le hace tan inferior á las clases que se llaman cultas, es porque la legislacion y los gobernantes hacen cuanto pueden para mantenerle en este estado de ignorancia, incivilidad y rudeza. Si sus costumbres son por lo comun estragadas y su carácter feroz, es porque se le quitan los medios de suavizar su natural aspereza, y corregir las inclinaciones viciosas. Désele pues una educacion fina y esmerada, y desapareciendo entonces esa monstruosa desigualdad que hoy le degrada y envilece, no habrá ya justo motivo de cerrarle la entrada á los destinos honoríficos.» — Paradojas y sueños como los demas que llevamos recorridos.

Distingamos primero la instruccion de la crianza; veamos si es posible y conveniente que todos los individuos de la sociedad cultiven igualmente su entendimiento, y luego examinarémos si á lo menos podrán adquirir el mismo grado de urbanidad.

En cuanto à la educacion literaria ó la instruccion, es demasiado claro para que me detenga á demostrarlo, que la sola diferencia de riquezas estorbará siempre que la cultura del entendimiento sea igual en todos los individuos. ¿Cómo es posible que el leñador, el albañil, el cantero, en suma, el trabajador que pasa todo el dia ocupado en operaciones manuales y penosas, y que solo espera la noche para retirarse á descansar, pueda emplear en la lectura y en el estudio las mismas horas que el hombre acomodado, á quien la suerte feliz ha dispensado del trabajo corporal? Dejo aparte la imposibilidad en que el pobre se halla de adquirir los libros, las máquinas y demas utensilios necesarios para estudiar con fruto las ciencias y las artes liberales. Pero concedamos el imposible de que el cabador, el herrero, y de ahi arriba cuantos viven de un limitado jornal ganado con el trabajo de manos, tengan tanta ociosidad, y gana de entregarse á la lectura, como las personas desocupadas, y reunan tambien los medios pecuniarios que se necesitan para gastar en libros el triste salario, que apenas alcanzará para dar pan á sus hijos. ¿Seria conveniente que desde el Príncipe hasta el verdugo fuesen todos, no ya matemáticos, físicos, naturalistas, ó literatos, sino leguleyos y publicistas? ¿Seria de desear que al volver el boyero de arar, y al salir de sus talleres los artesanos y menestrales se juntasen para leer y comentar el Contrato social, el Espíritu de las leyes, el Derecho público de Watel, y la Política constitucional de Constant? Por fortuna la quimera es impracticable; pero si por desgracia del género humano llegara alguna vez á realizarse en las naciones, en aquel dia acababan su paz y su reposo, y se disolvia la sociedad. Y no se crea que esta es una falsa profecía y una suposicion arbitraria. Es el fin que se proponen los niveladores de la instruccion, el último término á que desean llegar. Y para que nadie lo dude, ellos mismos lo han confesado candorosamente; ó por mejor decir, la fuerza de la verdad les ha arrancado una terrible confesion que destruye su mismo plan, y advierte á los Gobiernos de la tierra que se opongan con todo su poder á esa igual é indefinida propagacion de *las luces* que tanto se cacarea. En una obra moderna que puede mirarse como el extracto de cuantas se han publicado hasta el dia sobre la política constitucional, se dice y confiesa paladinamente lo que sigue: «Si las luces circulan y se extienden *se acabó el mando y la superioridad.*» Confesion de parte releva de prueba. Si con la igual difusion de las luces deben acabarse el mando y la superioridad, roguemos al Todo-poderoso que nunca lleguen á difundirse y extenderse con esa generalidad que se apetece; porque para que haya sociedades, y en ellas se mantenga el orden y se conserve la paz, es necesario, y muy necesario, que haya *superiores que manden.*

¿Cuál será pues el límite que los Gobiernos deben prescribir á la difusion é igual reparticion de las luces? El que señala y fija la desigualdad misma de las riquezas y de las clases. Todos los individuos podrán sin inconveniente aprender á leer, escribir y contar; y seria muy útil é importante que todos, todos, aun las mugeres, se elevasen á este primer grado de instruccion; porque asi estarian todos en estado de cumplir mas exactamente sus respectivas obligaciones. Ademas, los labradores, fabricantes y menestrales que pueden necesitar respectivamente algunos principios de química, geometría práctica, mecánica, delineacion y dibujo, podrian tambien adquirir estos preciosos conocimientos; pero de ahi arriba, en cuanto á latin, literatura, ciencias exactas y naturales en toda su extension, y sobre todo legislacion, alta política, controversias teológicas, lejos de facilitarse á las clases bajas su estudio y la lectura de los libros, folletos y periódicos en que se proponen y ventilan sus cuestiones, convendria alejarlos de las manos de todos aquellos que por su desgracia, ó acaso por su fortuna, no son llamados á gobernar las naciones, y que por sus afanosas tareas no pueden llegar nunca á profundizar y poseer tan dificiles y complicadas enseñanzas. El mal que han hecho al mundo 1.° la manía de facilitar á las clases indigentes y laboriosas el estudio del latin: 2.° cuando esta moda pasó, la de escribir en lenguas vulgares todos los tratados científicos para que anden en manos de las cocineras y los lacayos, y 3.° la publicacion de periódicos en que se traten y ventilen cuestiones de política y de gobierno; este mal, repito, ya le estamos palpando y muy á nuestra costa; pero lo que ahora vemos es nada, si los Gobiernos no se apresuran á circunscribir indirectamente la instruccion de cada clase dentro de aquellos términos que indican sus mismas ocupaciones y necesidades. Para explicar el modo de conseguirlo seria necesario entrar aqui en una multitud de pormenores, agenos de este lugar, y que me distraerian demasiado del objeto de este artículo.

Volviendo pues á la desigualdad de educacion, visto ya lo que debe pensarse de la que se llama literaria, vengamos á la que puede llamarse moral, ó como vulgarmente se dice, á la crianza. Esta tiene dos partes, la moral, propiamente dicha (aqui se comprende la religion), y la urbanidad. En orden á la moral, esta es la única que debiera ser igual, si la naturaleza misma de las cosas lo permitiese, en todos los individuos de la especie humana. Todos deberian conocer igualmente no la ciencia, sino las reglas prácticas, las máximas, los principios de la moral, los fundamentos de todas sus obligaciones para con Dios y con el prógimo, y penetrarse bien del grande interes temporal y eterno que tienen en ser justos y virtuosos. Pero ya que esto no sea rigurosamente posible por la diferencia de los talentos naturales, de la situacion particular en que á cada uno le coloca la Providencia, de los padres, tutores, ayos ó maestros que le depara, y de los medios pecuniarios que la fortuna le reparte para proporcionarse esta sólida instruccion, deben á lo menos los Gobiernos dirigir sus esfuerzos á que á todos sus súbditos se les inspire desde la cuna el amor á la virtud, y hacer en cuanto es posible que las costumbres públicas sean puras, para que los malos ejemplos no esten destruyendo de contínuo la obra de la educacion moral doméstica, suponiendo que ésta sea bien dirigida y esmerada. Ya se deja conocer que para extender y comprobar con ejemplos esta sola indicacion seria preciso escribir un largo tratado, y que aqui me es imposible amplificar é ilustrar cada una de las ideas que al paso se me ofrecen en la materia de que trato. Continuemos pues.

En cuanto á la urbanidad, dicho se está que la educacion de la infancia nunca puede ser igual en las clases pobres y en las mas favorecidas de la fortuna, y que aun suponiendo que en unas y otras se inculcasen á los niños las mismas reglas y máximas, es imposible de toda imposibilidad que el miserable las practique con tan escrupulosa fidelidad como el hombre acaudalado y poderoso. En la parte sola del aseo, ¿de qué sirve predicar al pobre que se mude á menudo la camisa, si tal vez no la tiene el desdichado? ¿Qué importará que se le recomiende mucho la limpieza de cara y manos, si su desgracia le obliga á estar soplando la fragua, amasando la cal, ó desaguando las cloacas? La pulcritud en la mesa y las reglas para manejar el tenedor, ¿de qué uso serán para el que no tiene mas cubierto que las manos ni mas bajilla que una miserable ortera? Este es el mundo real: el de los sueños desaparece asi que nos acercamos á las cosas. Infiérese de aqui que las clases indigentes nunca tendrán ni pueden tener en sus modales, usos, costumbres y trato aquella delicadeza, finura y urbanidad que con derecho exigimos de las mas bien tratadas por la suerte. Y como por otra parte queda probado que es imposible desterrar del mundo la pobreza relativa, y que aun siendo hacedero no deberia ni aun intentarse si se quiere conservar la sociedad, lo es tambien incontestablemente, que la cultura y civilidad sean iguales en todos los individuos. Y no siéndolo, claro es que no igualará jamas tampoco la opinion al hombre finamente educado con el rústico y grosero.

En orden á la necesaria desigualdad que establecen entre los individuos del Estado en la sola parte de la estimacion pública la conducta personal y los méritos anteactos, es inútil añadir nada á lo que ya se dijo acerca de estos principios considerados bajo el aspecto legal.

Solo pues me resta advertir relativamente á lo que se llama *el estado* del individuo, que no solo la ley no debe igualarlos á todos en la opinion, sino que al contrario debe dar cierta preferencia á los casados y viudos sobre los solteros, ó célibes no eclesiásticos. Seria acaso muy útil para disminuir el número de estos supernumerarios del mundo, que la ley no solo concediese ciertas distinciones, como ya lo hacen las nuestras, á los padres de muchos hijos, sino que en igualdad de circunstancias se prefiriese para muchísimos empleos á los casados, imprimiendo cierta nota infamante á los célibes seglares; sobre todo cuando por su clase y situacion es notorio que hubieran podido casarse. Hasta en este punto no son ni deben ser iguales el virtuoso padre de familias y el solteron vicioso, que acaso huyó del matrimonio para entregarse con libertad á la mas asquerosa disolucion. Y no parezca que estas son capuchinadas; son cosas muy importantes y sérias. La ley no debe mandar á nadie que se case; pero no debe mirar con igual favor al que aumenta el número de los brazos útiles, y al que pudiendo no procura dejar un heredero de su nombre.

Y á vista de tantos principios de

desigualdad como existen entre los individuos de un Estado, ¿habrá todavía demagogos que alboroten el mundo con la vaga é insignificante frase de «todos somos iguales?» Lo somos, sí, les dirá el amante del orden y de la subordinacion, lo somos en ciertos derechos comunes; pero en todo lo demas ni lo somos, ni podemos serlo, ni conviene que lo seamos. Y estos derechos comunes ¿á qué se reducen en suma? A que los hombres en sociedad le tienen á que sus coasociados no los maten ni les roben. ¡Y es este el gran secreto que han revelado al mundo los modernos niveladores! ¿Han dicho otra cosa todos los moralistas y legisladores del mundo? Pues á esto se reduce, bien analizado, el gran dogma de la igualdad: á que todos tienen derecho á que los demas respeten su persona, honor y bienes. Bien lo saben los reformadores; pero lo que ellos pretenden en realidad no es que los que estan debajo se encaramen á su altura, sino elevarse ellos á la de los que estan mas arriba. Bien claro lo dijeron los jacobinos en aquel lema: «*Les Grands ne sont grands, que parceque nous sommes à genoux: levons nous donc.*» «Los Grandes parecen altos porque estamos de rodillas: levantémonos pues.» ¡Ola! ¿Y por qué no añadieron: «*Les petits ne sont petits, que parceque nous sommes debout: asseyons nous donc.*» «Los que se llaman bajos no lo parecen sino porque estamos de pie; sentémonos pues, y quedarémos iguales?» Porque no era esto lo que se queria, sino ponerse en el lugar de los mas altos. *Mentita est iniquitas sibi.*

He tratado tan difusamente el punto de la igualdad, porque como se ha visto es uno de aquellos en que mas han delirado á sabiendas los modernos reformadores. Por la misma razon será tambien un poco largo el siguiente

NUMERO 8.°

Propiedad.

¿Quién creeria que en una materia tan sencilla, tan clara, y sobre la cual estan de acuerdo todas las legislaciones del mundo, hubiese podido introcir dudas la moderna sofistería? Nadie ciertamente se atreveria ni aun á sospecharlo, si no lo estuviera viendo. Y no se piense que el haber embrollado la cuestion es efecto de ignorancia; nada de eso. Los que han metafisiqueado sobre el derecho de propiedad sabian muy bien que este ha sido reconocido y consignado en todos los códigos antiguos y modernos; que siempre ha sido teóricamente respetado, aunque en la práctica haya sido violado en este ó aquel pais, porque mientras haya hombres habrá siempre algun abuso; y que en consecuencia nada podian revelar al género humano que no fuese ya sabido. Pero no era su ilustracion la que se buscaba, no era la verdad la que se deseaba encontrar: lo que se proponian los novadores era trastornar el orden establecido, enriquecerse con los despojos agenos, y hablando mucho del respeto debido á la propiedad, robar á los que tenian. Y para esto era menester, como en todo lo demas, confundir las ideas recibidas, alterar maliciosamente el significado de las voces, y crear una especie de propiedad desconocida en buena jurisprudencia. Volvamos pues á las nociones comunes y á las antiguas doctrinas; expliquemos con claridad y sencillez lo que se entiende por propiedad; establezcamos sobre sólidas bases el derecho conocido con este título, y quedarán desvanecidas y refutadas por sí mismas las cavilaciones de los sofistas, y destruidas de una vez las funestas consecuencias que han deducido de sus falsas suposiciones.

La palabra *propiedad*, como sustantivo abstracto derivado del adjetivo *propio*, expresa la cualidad de ser una cosa *propia*. ¿Y qué significa esta voz? Hasta los niños lo saben. Propio es de alguno, lo que no es de otro. Asi, hasta en fisica se llama propiedad de algun cuerpo la cualidad que no conviene á los otros, la que solo en él se halla. ¿Y qué se infiere de esta aparente trivialidad? Se infieren varias y muy importantes verdades: 1.ª lo que ya indiqué en otra parte, y conviene probar aquí; á saber, que mientras no existe sobre la tierra mas que un solo individuo de la especie humana, ó aunque haya muchos, mientras viven diseminados sin verse ni juntarse y sin tener entre sí ningun género de comunicacion y trato, no hay propiedad verdaderamente tal; y que esta por consiguiente nace del estado de sociedad, y solo en él puede hallarse. 2.ª Que como una cosa que no es de Pedro ni de Juan puede ser de Antonio y de Pablo reunidos, la propiedad se divide necesariamente en individual y colectiva, ó lo que es lo mismo, en propiedad de un individuo, y de una corporacion. 3.ª Que como todos los objetos materiales que pueden ser de los hombres se dividen, segun los jurisconsultos, en personas y cosas, la propiedad puede ser de dos especies. 4.ª Que pues las personas y las cosas pueden considerarse ó en sí mismas, ó segun que nos son útiles, es decir, en cuanto las empleamos en algun uso ó ministerio que nos sea ventajoso, la propiedad tiene dos partes distintas y separables, la pertenencia del objeto y la facultad de usarle; y en consecuencia puede tener uno la pertenencia, y otro el uso; en cuyo caso el derecho llamado de propiedad está dividido en dos, el derecho sobre la cosa, y el derecho de disfrutarla; pero las leyes deben proteger y respetar uno y otro. Ilustraré completamente estas importantes verdades.

§. 1.º

En el estado que se llama de pura naturaleza, dado que hubiera existido, no hubo ni pudo haber propiedad verdaderamente tal: esta nace del estado de sociedad, y solo en él puede hallarse.

El hombre solitario pudo en efecto apoderarse de una multitud de objetos; pero ninguno era *suyo* antes de la ocupacion. *Mio, tuyo* y *suyo* son palabras tan correlativas, es decir, expresan ideas tan dependientes entre sí, que la una no puede existir sin que exista su correspondiente. Y asi como nadie es ni puede llamarse *padre* sin que haya otro individuo que sea y pueda llamarse *hijo*, asi nadie puede decir este arbol es *mio*, si no hay otro individuo que no pueda decir lo mismo; esto es, respecto del cual el arbol sea *no suyo*. Parecerá esta una sutileza escolástica, pero es una verdad de bulto, un hecho material, es la exactísima y filosófica definicion de las ideas expresadas por las palabras *mio*, *tuyo* y *suyo*, las cuales denotan la cualidad de ser una cosa tan *de mí*, *de tí*, ó de tal individuo ó corporacion, que simultáneamente no pueda ser de otro alguno. ¿Y qué se infiere de aquí? Que es falso y muy falso lo que han dicho algunos escritores modernos; á saber, «que los hombres se reunieron en sociedad precisamente para gozar segura y tranquilamente de la propiedad bajo la proteccion de una fuerza pública: que hay una propiedad natural anterior á las sociedades, y que estas se han formado para proteger aquella propiedad preexistente.» Bentham ha combatido este error, pero no se ha explicado con su acostumbrada exactitud. Diciendo que la propiedad es la obra ó criatura de la ley, ha dado lugar á que se le impugne con alguna apariencia de razon, porque en efecto la ley protege y asegura la propiedad, pero en rigor no la crea. Lo que en realidad la establece es la sociedad, y esta es anterior á la ley verdaderamente tal, como que ni hay ni puede haber leyes hasta que haya sociedad ó reunion de algunos individuos. Y esto no porque la ley sea ni deba ser la expresion de la voluntad general, sino porque siendo toda ley una regla establecida para dirigir la sociedad, (y sea la expresion de la voluntad de todos, ó de muchos, ó de pocos, ó de uno), es evidente que no puede haber direccion hasta que haya cosa capaz de ser dirigida. Bentham pues se hubiera explicado mejor si hubiese dicho, que la propiedad es la obra, criatura ó consecuencia del estado de sociedad. Entonces nada habria que oponerle; porque es tan evidente que no puede haber una cosa que deje de ser *de otro* para ser exclusivamente *de uno*, hasta que hay este *uno* y este *otro*, como es evidente que no puede haber amos hasta que haya criados, padres hasta que haya tambien hijos, y superiores, inferiores é iguales hasta que haya individuos respecto de los cuales se verifiquen las superioridad, inferioridad é igualdad. Si esto no es cierto, quisiera se me dijese cuáles son las cosas ciertas.

¿Podrá pues negarse que la propiedad nace del estado de sociedad, y solo en él puede hallarse? Esta, como se ve, es la consecuencia inmediata y necesaria de la proposicion anterior. La propiedad existe; este es un hecho: no existia en el estado de pura naturaleza; queda probado: luego ha nacido en el llamado de sociedad: luego solo en él se halla. Sin embargo la llamada individual no se halla necesariamente; porque puede haber una sociedad en que todo sea comun. Bien sé yo que esto no es practicable sino en un pueblo muy reducido; que aun allí la comunidad de bienes duraria poco tiempo; que seria perjudicial á los progresos de la industria; que semejante nacion jamas seria rica ni poderosa; y que por consiguiente hablar siquiera de comunidad de bienes en las sociedades actuales, grandes ya, numerosas y opulentas, es el mayor de los delirios. Pero no es esto de lo que trato: lo que quiero demostrar es, que siendo metafísicamente posible la comunidad de bienes en un pequeño aduar, ó á lo menos en una sola familia, resulta que el derecho llamado de propiedad, lejos de ser natural, inalienable é imprescriptible (sagrado se le llama con razon, pero metafóricamente, para dar á entender que cuando existe merece ser muy respetado), pueden no tenerle los individuos aun en el estado de sociedad. En efecto, podemos figurarnos, aunque nunca haya existido, una pequeña república en la cual personas y bienes, todo sea de todos, y nada de este ó el otro particular determinado; en cuyo caso es innegable que los individuos no tendrian verdadera propiedad: tendrian solo el uso y la posesion actual de los objetos que consumiesen ó usasen, pero no la pertenencia ó el dominio. Vuelvo á repetir que semejante manera de asociacion seria monstruosa y poco duradera, y que los socios serian en ella sobremanera desventurados; y puedo añadir que no se ha realizado todavía en ningun Estado considerable, y que aun en Esparta no era perfecta y completa la comunidad de bienes. Pero me basta que la cosa sea rigurosamente posible, y como dicen, que no implique contradiccion; pues de aqui resulta que la propiedad individual no es naturalmente necesaria, y que podria no haberla aun en el estado de sociedad.

§. 2.°

Consistiendo la propiedad en la exclusion de la pertenencia agena, con tal que un objeto no sea de tal ó cual individuo, será verdadera propiedad aunque pertenezca á muchos.

Esta, que á primera vista podrá parecer una insípida trivialidad, es un principio importantísimo, y por él deben resolverse las cuestiones que tantas veces se han agitado sobre el derecho que se abrogan los Gobiernos para disponer de los bienes que se llaman de manos muertas, es decir, que pertenecen nó á individuos sueltos, sino á corporaciones enteras ó á establecimientos públicos. Es pues necesario que yo le ilustre con alguna detencion, y resuelva una vez por las reglas eternas de la justicia las dudas que hasta ahora han sido resueltas por la rapacidad y la codicia.

Si en una sociedad se hubiese adoptado la perfecta y absoluta comunidad de bienes, no habria mas propietario que la misma comunidad; y aunque esta concediese temporalmente el uso de este ó aquel objeto á tal individuo determinado ó á tal coleccion de personas, la concesion por su misma naturaleza llevaria envuelta la cláusula de poderla revocar. Esto me parece evidente. La sociedad en este caso haria exactamente lo mismo que hace ahora el propietario particular cuando presta á un amigo su caballo, su escopeta, su perro de caza, ó una cantidad de dinero: sabido es, que aunque nada le diga expresamente al tiempo de concederle el uso de aquellas cosas, se entiende necesariamente, que cuando las necesite el dueño podrá reclamarlas del que solo las tuvo prestadas. Creo que esto es tambien innegable. Y bien, ¿sucede lo mismo cuando la sociedad, reconociendo y asegurando la propiedad individual ó colectiva, no se ha reservado ni podido reservarse el derecho de despojar á los propietarios de lo que estan no solo usando, sino poseyendo bajo su proteccion y *garan-*

tia? Nadie sostiene semejante absurdo tratándose de propietarios particulares. Los mas desaforados jacobinos, para invadir á mansalva las propiedades de las corporaciones y establecimientos, gritan y claman que nada hay tan sagrado en las sociedades humanas como la propiedad del individuo; que ni la ley, ni el Gobierno, ni la nacion entera pueden despojarle de ella ni menoscabarla en un ápice, aun para objetos de comun utilidad, sin asegurarle de antemano la equivalente indemnizacion por la propiedad que se le toma, estimándose su valor *á buen-visto de hombres buenos*, como decia el *sagrado Código*. Estos mismos acérrimos defensores de la propiedad hacen jurar á los Reyes que no tomarán los bienes agenos sin la voluntad de su dueño, como si esto no les hubiera estado prohibido siempre sin necesidad de Constituciones, y como si desde la viña de Nabot no les estuviera conminando la religion con la cólera del Altísimo si despojaban de su herencia violentamente al mas infeliz de sus vasallos. Ahora bien: si tan justos son los nuevos legisladores con los propietarios sueltos, ¿por qué permiten luego despojar de sus haciendas á los propietarios colectivos? ¿Por qué la Asamblea constituyente robó sus propiedades á todas las corporaciones del reyno? ¿No eran estas verdaderas y legítimas propietarias de los bienes que de tiempo inmemorial estaban poseyendo y disfrutando bajo la proteccion de las leyes? Las antiguas, vigentes hasta aquel dia, ¿no habian permitido, legitimado y *garantido* las adquisiciones hechas por donacion ó por compra? ¿Cómo pues se anulan por un arbitrario decreto? Concedamos que el bien de la sociedad exigia que á las llamadas manos muertas se les prohibiese adquirir en lo sucesivo bienes raices ó propiedades inmuebles, y que asi se hubiese mandado; ¿quedaban por esto nulas las anteriores adquisiciones, hechas en tiempo habil y legitimadas por la ley? ¿Puede tener esta efecto retroactivo en ninguna legislacion?

Se responderá que las corporaciones y establecimientos públicos no eran verdaderos propietarios de los bienes que poseian, sino símples usufructuarios, y aun puede decirse meros administradores. Examinemos imparcialmente el efugio, y se verá que jamas se ha hecho mayor burla de la razon humana, y jamas se la ha insultado con mas descaro que en el siglo de la filosofia, en que tanto se acatan al parecer sus decisiones. Sin embargo no recusémos el juez en este punto; comparezca la parte demandada, pídansele sus títulos, reconózcanse; discútase su valor por los principios de derecho, y decida el tribunal con presencia de los autos. Quizá ningun propietario particular podrá presentar títulos mas legítimos, antiguos é incontestables. Nada menos que cinco son los que pueden alegar respectivamente las comunidades religiosas, los cabildos, las iglesias, y los establecimientos de piedad y de instruccion: 1.° la ocupacion: 2.° la donacion voluntaria: 3.° las compras: 4.° la posesion inmemorial, no contradicha ni turbada, de lo adquirido por los tres primeros; y 5.º la prescripcion mas legal que jamas hubo en el mundo. Veámoslos uno por uno.

Ocupacion. Este título primordial de toda humana propiedad nunca es mas legítimo, que cuando devastados los paises por el azote de la guerra, desaparecen los antiguos pobladores, quedan incultos los campos, se pierde hasta la memoria de la anterior posesion, se establecen nuevos colonos, y con su trabajo é industria restituyen al cultivo y á la produccion las campiñas eriales, aclaran los bosques, exterminan las alimañas, desecan los pantanos, y hacen habitable y salubre una comarca inhabitada y mal sana. Esto es de toda notoriedad; y las leyes positivas de los paises civilizados, lejos de oponerse á tan legítima adquisicion, brindan con ella, la promueven, y aun ofrecen premios á los laboriosos colonos que vengan á fertilizar con su trabajo los campos abandonados. Buen testigo son en el dia los Estados Americanos. Pues este fue cabalmente el primer origen, y el justísimo título de las adquisiciones monacales. Asoladas por los bàrbaros del Norte las provincias europeas de la antigua Roma, exterminados en gran parte sus antiguos moradores, y convertidos en habitacion de fieras, muchos fértiles terrenos, para que en ellos pudiesen entretenerse los nuevos dueños con el ejercicio de la caza, quedaron todavía incultas y abandonadas inmensas porciones de territorio, cuya propiedad nadie podia reclamar con justo título. Por aquel mismo tiempo la piedad y los designios de la Providencia, ó en lenguage revolucionario, el fanatismo y la mal entendida devocion, multiplicaron el número de monasterios. Y como estas casas de oracion debian establecerse en despoblados y desiertos, y los antiguos monges vivian, como se sabe, del trabajo de sus manos; es un hecho histórico que los primeros Cenobitas, haciendo suyo por el derecho del primer ocupante el terreno que elegian para edificar sus monasterios, fueron al mismo tiempo colonos industriosos, que con sus manos cultivaron y fertilizaron las campiñas adyacentes. ¿Y se les disputará al cabo de doce siglos la propiedad de unas tierras regadas con el sudor de su rostro, y restituidas al cultivo por su laboriosidad? Es mas: no solo fueron útiles colonos ellos mismos, sino fundadores de un gran número de pueblos; porque extendiendo mas y mas el cultivo, aumentada la produccion, y no bastando ya los monges para todas las faenas de la labor, buscaron jornaleros seglares, los cuales acrecentados en número y establecidos con sus familias en las tierras de los monasterios, edificaron muchas rústicas alquerías, que con el tiempo han llegado á ser opulentas poblaciones. Es esto tan cierto, que si se busca el origen de todos los pueblos actuales de Inglaterra, España, Francia, Alemania é Italia, quizá se hallará que mas de una sexta parte se fundaron en tierras de monasterios por los trabajadores, que esclavos y miserables en las ciudades muradas, en que habitaba la ociosidad militar de sus señores, se avecindaron, por decirlo asi, en las haciendas de los monges, donde encontraban trabajo, y un trato mas humano y caritativo. ¿Y será tan injusta la generacion actual que sin justo equivalente despoje de la obra de sus manos á los fundadores de tantos pueblos? Los antiguos concedian grandes premios al ciudadano que se encargaba de conducir á pais extrangero una colonia; su familia conservaba por lo comun el principado hereditario de la nueva poblacion, y á lo menos era siempre respetada, y á veces divinizado su autor; pero la moderna justicia de la filosofia honra la memoria de los antiguos fundadores de los pueblos despojando á sus sucesores hasta de las casas mismas en que aquellos habitaron, de las cercas que labraron con sus manos, y de las huertas en que plantaron los ya carcomidos árboles, que el tiempo ha conservado como para testigos que acrediten la antigua y legítima pertenencia.

Donacion. Este, como se sabe, es el segundo y mas general título que no los monasterios solos, sino las iglesias y las fundaciones todas, ya piadosas, ya de instruccion, pueden alegar á la propiedad de los bienes que les fueron donados allá en siglos no muy cercanos al nuestro. ¿Y qué se puede oponer á un título tan sagrado y valedero en toda legislacion? Los donadores ¿no eran dueños legítimos de las tierras y casas que donaban? La ley en aquel tiempo ¿no les permitia, bien ó mal, disponer de sus haciendas en favor de las llamadas manos muertas? ¿Pues cómo estas no harian suyo lo que les daba el dueño legítimo, y legítimamente autorizado por las leyes de su pais? — Que no debieron hacerse tales donaciones; que fueron inspiradas por una falsa piedad; que quizá fueron arrancadas por las interesadas sugestiones de los frayles y de los clérigos, y que de todos modos eran perjudiciales á la agricultura é industria, que para florecer reclaman imperiosamente la libre circulacion de las propiedades. — Concedido, para no entrar en disputas, aunque mucho habria que rebajar de tan recargada pintura.

¿Y qué se infiere de aquí? Que los donadores no obraron cuerdamente, que pudieron disponer de sus bienes de una manera mas ventajosa relativamente á la sociedad; pero nunca se deducirá en buena lógica, que no fue válida una donacion reconocida y sancionada por la ley. Sabidas son las malas artes con que en la antigua Roma se hacian nombrar herederos de los ricos sin hijos ciertos vampiros de haciendas, que de su mismo oficio se llamaron *hæredipetas* y *captatores testamentorum*: llenas estan las sâtiras de Horacio y Juvenal, y algunas composiciones de Luciano, de chistosas y amargas invectivas contra sus arterías y adulaciones. ¿Y qué? ¿Eran por eso nulos los testamentos otorgados en su favor, cuando no tenian por otra parte algun vicio legal que los invalidase? Hoy mismo ¡cuántas amas de gobierno y cuántos criados zalameros se alzan con la herencia de los viejos solterones, á quienes engañan y embaucan con afectadas demostraciones de cariño y lealtad: herencia que hubiera estado mejor distribuida entre los parientes del testador! Y bien, ¿se anulan acaso semejantes testamentos? Entre las donaciones llamadas *inter-vivos*, ¡cuántas se hallarian hechas por motivos vergonzosos y aun criminales! pero ¿son nulas por eso? ¿Qué exigia pues la justicia en el caso de que las hechas antiguamente á los conventos, á las iglesias y á las fundaciones públicas, ó fuesen desacordadas, ó positivamente perjudiciales? Dos cosas: 1.ª prohibir que se repitiesen, inhabilitando á las manos muertas para adquirir en adelante bienes ningunos raices; y 2.ª mandar que los anteriormente adquiridos se fuesen convirtiendo poco á poco en otro género de propiedad del modo que diré luego. Hasta aqui puede llegar el derecho de las sociedades y de los Gobiernos que las dirigen: hasta apoderarse de los bienes existiendo el propietario, y sin previa y justa indemnizacion, nunca; por la sencillísima razon de que ni á la sociedad ni al Gobierno le es permitido robar. Y claro es que roba el que toma lo ageno contra la voluntad de su dueño; y las manos muertas lo son de los bienes que adquirieron por donacion, y los Gobiernos se los toman contra su expresa voluntad, pues solo á la fuerza ceden.

Pero esas donaciones en la mayor parte fueron hechas por los Reyes en el concepto de que son los Soberanos de las naciones, Señores de vidas y haciendas, y árbitros absolutos para disponer como quieran de las propiedades comunes. Por consiguiente, siendo falsos estos principios, nulas son las donaciones que se fundaron en tan imaginarios derechos. 1.º Aun suponiendo que fuese errada la opinion que en aquellos siglos atribuia á los Reyes la soberanía que les disputa la moderna ilustracion, no resultaria que fueron nulas las donaciones que hicieron en favor de las manos muertas; porque si hubieran de anularse cuantos actos ejecutaron entonces los Reyes en uso de las facultades que creyeron competirles, nada quedaria en las naciones. Códigos generales, cartas-pueblas, fueros particulares, creacion de magistraturas, concesiones de títulos y de honores, ereccion y dotacion de las universidades, fundaciones de todas clases etc. etc.; todo fue obra de los Reyes, y hecho en el concepto de que ellos eran los Soberanos de las naciones. Luego si porque este concepto fuese errado deben anularse sus actas, será preciso anular cuanto existia en las naciones cultas antes del Contrato social de Rousseau, de ese Alcoran del jacobinismo escrito expresamente para despojar á los Príncipes de la soberanía que hasta entonces nadie les habia disputado. 2.º Sin salir de la materia de que tratamos, si las donaciones de los Reyes en favor de manos muertas son nulas por defecto de potestad, lo serán tambien las hechas en favor de particulares. No hay arbitrio. Si el Rey no podia donar á muchos, tampoco podria donar á uno; porque en esta y en todas cosas *magis et minus non variant speciem*. Que el que recibe la cosa donada sea uno ó sean muchos, la donacion siempre es el mismo acto de potestad: luego si no la hubo para enriquecer á muchos, tampoco pudo haberla para enriquecer á uno. Esta es una demostracion. Y bien: ¿ha dicho nadie hasta ahora que las donaciones hechas por los Reyes á favor de particulares son nulas porque el Rey no tuvo facultad para donar? Nadie: los mas rígidos, como nuestros jacobinos, solo exigen que se presenten los títulos para ver si la donacion es cierta; y quieren ademas que se examine si se han cumplido las condiciones, y se despoje de las tierras al que por su parte hubiere faltado á lo prometido; pero anularlas todas indistintamente porque fueron hechas por Reyes, nadie se ha atrevido á tanto. 3.° Concedamos que las donaciones fueron nulas en su origen por falta de potestad en el donador; pero el consentimiento tácito de la sociedad, que segun los defensores de la soberanía popular todo lo subsana y legitima, ¿no ha subsanado y legitimado suficientemente aquellos actos? ¿Las naciones enteras no han reconocido y sancionado las donaciones de los Reyes, no solo con su silencio sino con leyes expresas, y no por espacio de algunos meses sino durante muchos siglos? ¿Cómo pues solo para las pobres manos muertas de nada sirve la soberanía popular? Esta, segun sus apóstoles, puede *quadrare rotunda et rotundare cuadrata;* ¡y no podrá legalizar una donacion piadosa, solo porque la hizo un Rey!

Pasen estas, se añadirá; pero ¿y las hechas por particulares en perjuicio de sus familias?—En primer lugar, cuando asi fuera y se hubiese de reparar la injusticia, ¿cómo iremos á buscar ahora los herederos de los fundadores para restituirles lo que donaron sus ascendientes? ¿Quién, al cabo de cuatro, cinco ó mas siglos podrá deslindar los entronques de las familias, muchas de las cuales no existirán ya seguramente, para devolver á cada una su porcion? En segundo lugar, cuando este argumento probase algo, probaria no que el Gobierno tiene derecho á apoderarse de los bienes donados, sino que la familia del fundador le tiene para reclamarlos; y esto ni es lo que se ha practicado, ni lo que pretenden los niveladores, ni podria hacerse con equidad y justicia por la casi imposibilidad que habria, como hemos visto, para encontrar los legítimos descendientes de los primitivos poseedores. En tercer lugar, no habiendo reclamado estas familias en tanto tiempo contra aquellas donaciones, su posesion ha prescrito, y puede decirse que ha sido legitimada por el silencio y tácito consentimiento de los que pudiendo reclamar no lo hicieron en tiempo habil.

¿Y el perjuicio que se irrogó á la agricultura é industria con la amortizacion de aquellos bienes?—A este se ocurre 1.º prohibiéndola para en adelante: 2.º invitando á las mismas corporaciones á venderlas y á imponer su importe sobre las cajas públicas con un justo y proporcionado interes que les sea religiosamente pagado: 3.º cuando se hiciesen sordas á la invitacion del Gobierno, y mirasen con indiferencia la felicidad general, mandándoles que dentro de cierto plazo, que deberia ser bastante largo para que las fincas no perdiesen de su valor, las fuesen enagenando poco á poco, é imponiendo su producto en los llamados fondos públicos. Esto se añade para mayor seguridad y ventaja de los poseedores actuales, que por lo demas, con tal que las enagenen, se les podria dejar la libertad de imponer su producto donde mejor les agradase. Esto es lo mas que los Gobiernos pueden hacer con las fincas de manos muertas; apropiárselas nunca, mientras aquellas existen. Si llegan á faltar, es otra cosa: en este caso sus bienes quedan rigurosamente *mostrencos*, vuelven al dominio comun, y el Gobierno los administra y dispone de ellos como de todos los *baldíos*. Esto pide explicacion.

Las comunidades y corporaciones y los establecimientos públicos son propietarios *colectivos*, y su propiedad comun es tan sagrada como las de los particulares. Asi es que las leyes la protegen del mismo modo, y castigan al que las roba como si hubiese robado á un individuo. Ademas la prueba de que colectivamente son legítimos y muy legítimos dueños, es que pueden hacer y hacen con sus haciendas lo mismo mismísimo que hacen los dueños particulares; las venden, las truecan, las dan en arrendamiento y á censo, las derriban (si son edificios), las reedifican de nuevo, varian su forma, las cultivan, las plantan, las descepan, hacen en ellas toda clase de obras, mejoras y reparos etc. etc. Y muchas de estas cosas no podrian hacerlas si fuesen simples usufructuarios ó meros administradores. Asi, la única diferencia que hay entre la propiedad colectiva y la individual consiste en que en aquella el propietario es la persona moral, y no los individuos materiales que la representan ó componen. Del consiguiente si la persona moral llega á faltar por cualquier causa que sea, los representantes ó miembros, que no tenian mas que la administracion ó el uso de los bienes, no adquieren por su falta su dominio: este pasa ó vuelve á la sociedad general. Un ejemplo sencillo: Pedro Fernandez fundó en tal lugar un hospital, y le dotó con sus bienen. ¿Si? Pues mientras este hospital está en pie y en él se asiste á los enfermos, su propiedad es tan sagrada como otra cualquiera; y el Gobierno lo mas que podrá hacer será obligarle á convertir en dinero los bienes raices para que estos entren en la circulacion general. Pero si el hospital deja de serlo ó porque el pueblo todo quedó inhabitado, ó porque ya no acuden á él enfermos, ó porque el Gobierno tuvo por conveniente suprimirle (pues este derecho nadie se le puede disputar), en cualquiera de estos casos sus bienes vuelven á la masa comun; y el Estado puede ó conservarlos, ó venderlos, ó aplicarlos á otro objeto de pública utilidad, suponiendo que por voluntad expresa del fundador no deban volver á su familia, ó que está haya desaparecido; porque si se conserva y aquella fue la voluntad del donador, el Fisco no tiene derecho ninguno á los bienes que fueron del hospital.

Compra. Olvidemos ya los dos títulos precedentes: supongamos que ninguno de ellos dió á las manos muertas la propiedad de sus fincas, y concedamos que han sido hasta ahora meras usufructuarias de los bienes, ¿no habrán hecho suyos los frutos? ¿no habrán podido disponer de las rentas que por ellos han percibido? Me parece que nadie lo negará. El mayorazgo, el simple arrendatario hacen suyos los frutos y disponen de ellos á su arbitrio. Y sentado esto, si con el producto de las fincas ocupadas ó recibidas por donacion han comprado algunas otras permitiéndoselo la ley, ¿no serán legítimos dueños y verdaderos propietarios de todas estas? ¿Cómo pueden dejar de serlo? ¿No se las vendió el que antes era legítimo dueño? ¿no les transfirió este todo el derecho que á ellas tenia? ¿no pagaron el precio convenido? es decir, ¿no dieron en cambio un valor igual? La ley hasta entonces ¿habia dicho acaso que en las ventas hechas á manos muertas no se transferia el dominio desde el vendedor al comprador? ¿Cómo pues este no se hizo por aquel acto dueño legítimo y riguroso propietario de la cosa que compraba? Y si se hizo, y si lo era antes de la expoliacion, ¿no será esta un verdadero robo, un atentado inexcusable contra el derecho de propiedad? Dígase si no, cuándo ó cómo se viola este derecho tan sagrado, si quitándole violentamente una cosa á su legítimo dueño no se comete injusticia. Ahora bien: ¿puede negarse que entre las fincas de manos muertas hay muchas compradas á particulares con parte de las rentas que produjeron las primitivamente adquiridas por donacion graciosa ó por la simple ocupacion? Luego, á lo menos respecto de las cosas compradas, el Fisco no puede tener derecho alguno, á no ser que tambien le tenga sobre los bienes libres que adquieren los mayorazgos y colonos con los frutos de las vinculadas ó tomadas en arrendamiento. Luego en caso de que se vendan, el Erario no puede apropiarse su importe; debe quedar en manos del dueño para que disponga de él tan libremente como hubiera dispuesto de las rentas que ahorró en su tiempo para hacer aquella compra. Si estas no son reglas eternas de justicia, dígaseme cuáles merecerán este título.

Posesion inmemorial. Nada valga todo lo dicho; no se hable del título primordial; no se tenga en cuenta ni la legítima ocupacion de los terrenos abandonados, incultos y baldíos, ni el beneficio que se hizo á la sociedad con romperlos y cultivarlos, ni la libre, espontánea y legal donacion de tantos otros, ni las compras hechas con los productos de los adquiridos por ambos títulos: ¿podrá negarse que las manos muertas estan poseyendo de buena fe los que hasta ahora se llamaban bienes suyos, y que esta posesion es, no simplemente la que en derecho se llama inmemorial, sino mas que inmemorialísima, si asi pudiera decirse? Y aun concediendo que la primera adquisicion no hubiese sido muy limpia, ¿no bastarán para legitimarla y revalidarla dos, tres, cuatro, cinco y mas siglos de quieta, pacífica y no interrumpida ni disputada posesion? ¿Tienen otro título todas las naciones existentes sobre la tierra á los paises que componen sus dominios? ¿No es notorio que todos ellos fueron violentamente usurpados por la fuerza de las armas en una y en muchas épocas? ¿Y dejarán por eso de ser suyos? ¿Y no son tambien las naciones personas morales ó colecciones de individuos? Luego estas hacen suyo y muy suyo por la larga posesion hasta lo que usurpó la violencia. Pues ¡cuánto mas serán dueños de lo que en su origen adquirieron con justo y justísimo título! ¿Puede darse una razon especiosa siquiera para no reconocerlas por verdaderos propietarios?

Prescripcion. Esta es la consecuencia necesaria de una posesion inmemorial, pacífica y no disputada jamas. Y si las leyes reconocen por tal la de veinte, treinta, cuarenta, ó á lo mas cincuenta años, ¿no bastará la de quinientos? Para todos, y hasta para los injustos conquistadores ha sido siempre mas que suficiente; ¡y solo para las comunidades, los cabildos, las iglesias y los establecimientos públicos se ha inventado una nueva jurisprudencia! ¿Y por quién? Por los filósofos que ofrecian restablecer sobre la tierra el reyno de la justicia.

§. 3.º

Propiedad sobre las personas y sobre las cosas.

No tocaria este punto ni recordaria esta distincion, reconocida por los jurisconsultos, si con este motivo no fuera necesario deshacer algunas equivocaciones, refutar algunos errores introducidos por los novadores, y resolver algunas cuestiones importantes.

Ante todas cosas es preciso distinguir, hablando de las personas, entre la propia y las agenas. En cuanto á la persona *propia*, este mismo epiteto con que ordinariamente la designamos, parece que la constituye en la clase de las propiedades verdaderamente tales; pero si se examina el punto con la delicadeza filosófica que requiere la materia, se verá que esta es una expresion figurada como tantas otras; y que la persona de un hombre nunca es ni puede ser una propiedad suya en el mismo sentido legal en que se dice: «esta casa es mia; esta heredad es de Antonio.» La persona del hombre es el hombre mismo; y por consiguiente decir que este es verdadero propietario de su persona, es lo mismo que si se dijese que es propietario y propiedad á un mismo tiempo; lo cual sería, como se ve, un juego pueril de palabras. La propiedad verdadera solo podemos tenerla respecto de las cosas que no son nosotros; y aunque el uso y la pobreza de las lenguas nos autorizan y aun obligan á decir «yo soy dueño de mi persona, mi persona es mia,» las dos voces *mi persona* no significan que hay en nosotros dos cosas, una que poseé y otra que es la poseida, sino que forman una perífrasis que en suma quiere decir *yo*; y ya se deja conocer que si en las proposiciones «yo soy dueño de mi persona, mi persona es mia,» se sustituyese la palabra *yo* en lugar de la perífrasis, resultarian las ridículas y absurdas proposiciones «*yo* soy dueño de *yo*, *yo* es *mio.*» Estas delicadas observaciones no son vanas sutilezas, son distinciones muy verdaderas y necesarias para combatir el principio revolucionario de que la propiedad es anterior al estado de sociedad, y que por tanto el derecho conocido con este título es natural, inalienable é imprescriptible. El sofisma en que se funda aquel principio es el siguiente: «El hombre es dueño de su persona; esta es su primera y esencial y necesaria propiedad, y de ella nacen y se derivan todas las demas que se distinguen en el estado social: es asi que la persona del hombre existe en el de naturaleza, y que en este el hombre es tan dueño de su persona como despues en sociedad; luego la propiedad rigurosamente tal existe en el estado de pura naturaleza; luego el derecho que asi se llama es natural, imprescriptible, inalienable, y anterior y superior á toda legislacion positiva.» Ya se ve que todo este grande argumento se funda en el equívoco que forman los dos sentidos el figurado y el literal; y por consiguiente que es un sofisma el mas debil, futil y pueril de cuantos pueden emplearse. En efecto, primero se toman las palabras *dueño, propietario, mio, propio* etc. en sentido metafórico ó extensivo para denotar que cada individuo de la especie humana es distinto de los demas, y que la persona A no es la persona B: y luego arguyendo de este sentido figurado al literal, se deduce que cada persona es una propiedad real y verdaderamente tal de su respectivo individuo. Y como este es en sustancia la persona misma, lo que resulta en buena lógica es que cada persona es cada persona, y que la una no es la otra; cosa que todo el mundo sabia y nadie negó jamas. Pero de aqui ¿qué se infiere para el asunto de la propiedad verdaderamente tal, que es la pertenencia de las cosas que no son nosotros? Nada. Pues asi son todas las palabrotas y expresionazas usadas por los modernos sofistas. Analícense bien, y vendrán á parar en un equívoco ó una insignificante vaciedad.

Lo mismo debemos decir respecto

de la segunda propiedad natural que los sofistas reconocen en el hombre anteriormente al estado de sociedad, que es la de su trabajo. ¡Cómo se ufanan aqui! ¡cómo triunfan! ¡cómo se envanecen con su profundo descubrimiento! Y lo mas gracioso es que todos les han dejado pasar el equívoco en que se funda su doctrina, y ni aun se han atrevido á examinarla. ¿Y á qué se reduce en suma la delicada y sublime teoría de los economistas en que se apoyan los filósofos y políticos? A lo siguiente; «lo que crea los valores ó da valor á las cosas es el trabajo del hombre. Y como todas nuestras propiedades no son otra cosa que valores, si estos son el producto de nuestro trabajo actual ó acumulado, se infiere que nuestro trabajo es nuestra *única* propiedad originaria. Y como el trabajo no es otra cosa que el uso que hacemos de nuestra persona para crear valores obrando sobre las cosas, resulta tambien por necesaria consecuencia que toda propiedad que tiene otro origen que el trabajo sobre las cosas, viene de un robo.» Examinemos una por una estas varias proposiciones, reduzcámoslas á su verdadero valor, y se verá que se convierten en humo, ó nada significan para el punto de que tratamos.

«Lo que da valor á las cosas es el trabajo del hombre.» Esto es falso, tomado en tan vaga y exclusiva generalidad. Para que la proposicion sea cierta es menester restringirla, y decir: «el trabajo del hombre es lo que da á las cosas *cierto* valor, pero no *todo* el que tienen. En efecto, todas ellas tienen cierto valor por sí mismas, independientemente del trabajo de los hombres. El agua, por ejemplo, los frutos espontáneos de la tierra, los animales de que está poblada, los peces que nadan en los rios y en los mares, son cosas útiles en sí mismas, y de consiguiente tienen cierto valor que no deben á la accion del hombre que las hace suyas. Se dirá que para apropiárnoslas, para cogerlas á lo menos, es necesario algun movimiento físico y material de nuestro cuerpo, y que este es ya una especie de trabajo. Vana sutileza que nada prueba para el objeto de la cuestion. De que para usar de hecho las cosas útiles en sí mismas sea necesario el movimiento mecánico de algun miembro, no se infiere ni puede inferirse que este movimiento sea el que dé valor á aquel objeto, á no ser que el acto de masticar y digerir los alimentos sea lo que les dé su valor. Pero harto notorio es que las cosas que pueden servir para nuestra manutencion tienen ya un valor muy real antes de que las llevemos á la boca, desciendan al estómago, y se conviertan en quilo. ¿Por qué las compramos en el mercado y las pagamos con otra mercancía equivalente? Porque el valor de las cosas no está en el uso actual que de ellas hacemos, sino en que por sí mismas sean capaces de sernos útiles, de servir para la satisfaccion de nuestras necesidades. Luego si el madroño que está aun pendiente de la rama, la bellota que cuelga de la encina, el conejo que trisca en la pradera, la perdiz que vuela por el ayre, y el pez que gira bullicioso por la corriente del rio; ó surca la vasta extension del mar; pueden sernos útiles, es decir, son capaces de prestarnos algun servicio como el de reparar nuestras pérdidas despues de haberse incorporado y asimilado con las varias sustancias que componen el cuerpo humano, claro es, clarísimo é innegable que todos aquellos objetos tenian un valor real en sí mismos anterior al acto de cogerlos ó de usarlos. Por esto los cogemos precisamente, porque *son útiles*, porque *valen*. 2.º Hablando con rigurosa propiedad, el trabajo no *crea* el valor de los objetos, le *aumenta*. Todos los objetos materiales que componen el universo tienen en sí mismos, como acabamos de ver, cierto valor radical; porque todos ellos preparados, combinados y manipulados de esta ó de aquella manera pueden sernos útiles; y el trabajo lo que hace es aumentar este valor radical, preparándoles, combinándolos ó manipulándolos de aquel modo que es necesario para que de hecho nos proporcionen aquella utilidad que por sus cualidades físicas son capaces de producir. Asi, por ejemplo, en los frutos que la naturaleza produce y sazona espontáneamente, la preparacion se reduce al acto de cogerlos y arrancarlos de los árboles, y no hay duda en que el madroño ya cogido *vale* mas que mientras estaba en la rama. En los animales terrestres y acuáticos de que podemos alimentarnos, la preparacion abraza mayor número de operaciones; es preciso cogerlos, matarlos, y cuando no somos ya salvages crudívoros, desollarlos y condimentarlos de algun modo etc. etc. Quede pues establecido que el trabajo no da á las cosas *todo* su valor; les da una parte del que definitivamente llegan á tener en el acto de ser usadas: *aumenta* el primitivo que tienen por su naturaleza, pero en rigor no le *crea*. Esta verdad incontestable es mas importante de lo que á primera vista parece. Por de contado por ella queda rebatida la segunda parte del sofisma que estamos examinando, á saber que:

«Todas nuestras propiedades, ó lo que es lo mismo, *todos los valores*, son el producto del trabajo actual ó acumulado.» Falta de exactitud, como siempre. Las que se llaman propiedades no son los valores, son las cosas que *valen*, que tienen valor. Asi, cuando por imposible una heredad que ahora es mia llegase á no tener valor alguno, porque á consecuencia de algun trastorno fisico de la naturaleza se hiciese absolutamente estéril, y nada valiese en el lenguage vulgar, no por eso dejaria de ser *mia*. He dicho por imposible, porque en efecto, mientras un objeto material existe, siempre tiene algun valor, porque siempre puede ser útil para alguna cosa. Por ejemplo, el campo que se hizo estéril para el cultivo porque una avenida le convirtió en un lago ó en un infructífero arenal, conserva todavía algun valor, porque aun asi puede servir para alguna cosa. Si es laguna criará peces con el tiempo, y el dueño podrá cogerlos, y entretanto el agua para algo podrá servir. Si se convirtió en arenal podrá aprovechar la arena, ó á lo menos pasearse por todo él cuando quiera hacer ejercicio. Este hecho incontextable acaba de probar 1.° que las cosas todas tienen cierto valor primitivo, intrínseco y esencial anterior al trabajo de los hombres: 2.° que las propiedades no son los valores; y 3.° que estos y aquellas no son en su totalidad el producto del trabajo. Pero cuando asi no fuese, y aunque la accion de la especie humana diese á las cosas *todo* su valor, ó crease, como se dice, todos los valores, todavía no se infiere de aqui en buena lógica la conclusion que con tanta confianza deducen los escritores de economía y copian los de política constitucional, á saber: que

«Nuestro trabajo es nuestra *única propiedad* originaria.» Proposicion falsa, si jamas las hubo en el mundo, fundada en un abuso tan manifiesto de las voces, que á no verlo nadie creeria que se hubiesen atrevido á estamparla en el papel los mismos hombres que tanto se precian de grandes filósofos, profundos *ideólogos*, y exactísimos razonadores. ¿Conque nuestro trabajo es nuestra única propiedad? ¡Cuánta burla se haria de los escolásticos si alguno de ellos se hubiera explicado con tan poca exactitud! No: el trabajo no es la propiedad, es el medio con que se adquiere la propiedad, asi como el trabajo no es tampoco el valor de las cosas, sino el instrumento, el agente con que se aumenta el valor primitivo de todas ellas; y los mismos economistas y políticos reconocen y sientan como principio que todos los valores son el *producto* del trabajo; y dicho se está que la cosa producente no es la cosa producida. Y aun cuando no lo dijesen, ¿quién no ve que las propiedades son las cosas que nos *apropiamos*, adquirimos, beneficiamos y avaloramos con el trabajo, pero no el trabajo mismo? Ocupa el hombre un pedazo de terreno abandonado, y por el derecho del primer ocupante ó por ley expresa de la sociedad en que vive le hace suyo, adquiere su propiedad: pregunto: esta ¿es por ventura el trabajo que puso en ocupar aquel terreno, ó es el objeto ocupado? Este último, responderá todo el mundo. Labra luego aquella tierra, y con su trabajo la ayuda á producir trigo y le vende en el mercado: pregunto: ¿es el trigo suyo, ó no es suyo? ¿es su propiedad, ó no lo es? Todo el mundo dirá que sí. Pues vuelvo á preguntar: el trigo ¿es acaso el trabajo que se puso en cultivar la tierra que le produjo? Nadie habrá que lo sostenga. Mata el cazador un conejo, y ó le vende ó se le come, ¿era suyo este conejo? No se le disputará creo tan legítima propiedad. Y bien: el conejo ¿es el trabajo que costó su adquisicion? Disparate. Luego la propiedad no es el trabajo, sino la cosa que por medio del trabajo nos *apropiamos* ó hacemos *propia*. Si esto no es evidente, ¿cuáles son las cosas evidentes en este mundo? Yo bien sé que lo que los escritores modernos hubieran podido decir es muy cierto; pero tambien lo es que no han sabido ó no han querido explicarse con rigurosa precision. Lo que ellos, al parecer, han querido enseñar es que el trabajo es el instrumento natural y primitivo con que nos apropiamos las cosas, es el medio único que la naturaleza nos ha dado para aumentar el valor esencial de los objetos que nos apropiamos, es en suma el origen de toda humana propiedad; pero tan cierto como es esto, es falso que él sea la propiedad misma y nuestra única propiedad. Esta, vuelvo á repetir, es la cosa que hacemos nuestra por el medio del trabajo, pero no el trabajo mismo: asi como el arado ó el azadon es el instrumento con que se ara ó cava la tierra, pero no es la cosa arada ó cavada; la pluma es el instrumento con que se escribe, pero no es la cosa escrita. ¿Y no es una vergüenza que haya que enseñar tan sencillas, claras é incontextables verdades á unos hombres que se anuncian como los doctores de las gentes, los preceptores del género humano? Acaso se preguntará: ¿y siendo tan palpable el absurdo de que el trabajo es la propiedad, cómo han podido sostenerle escritores por otra parte recomendables? Hay que distinguir; en unos ha podido ser involuntaria falta de exactitud, ligereza, descuido; pero en otros es por refinada malicia. Sea de esto lo que fuere, pasemos ya á la última asercion de las que estamos examinando; y es la siguiente:

«Siendo el trabajo el uso que hacemos de nuestra persona *para* crear valores obrando sobre las cosas, resulta por necesaria consecuencia que toda propiedad que tiene otro origen que el trabajo sobre las cosas, viene de un robo.» Son palabras literales tomadas de una obra moderna, citada ya con otro motivo. Examinemos su verdad. La definicion del trabajo no es exacta. El trabajo en general no es el uso que hacemos de nuestra persona para crear valores obrando sobre las cosas; es el uso que hacemos de todas nuestras potencias ó facultades, ya intelectuales, ya corporales, y de todos nuestros miembros; y hágase este uso para crear valores ó con cualquier otro designio, y óbrese sobre las cosas ú óbrese sobre las personas, ó no se obre sobre las cosas ni sobre las personas. Asi, por ejemplo, el hombre que piensa, es decir que compara y combina sus ideas, trabaja verdaderamente; ¡y tanto como trabaja! pero no obra ni sobre las cosas ni sobre las personas que estan fuera de él, ni hace uso de sus facultades mentales para crear actualmente valores, aunque su meditacion contribuirá tal vez á que se creen. El que mueve maquinal ó voluntariamente la mano y hiende con ella el ayre, hace cierto esfuerzo, cierto trabajo, y obra sobre una cosa; pero no crea valores ni se acuerda de crearlos. El que habla con otro, el que le enseña, el que le aconseja, trabajan obrando sobre las personas; y aunque no crean ningun valor, podrán contribuir remotamente á que se creen algun dia. El empleado público de cualquiera clase trabaja obrando sobre las personas, y contribuye directamente á la creacion de los valores. Es pues necesario explicarse con precision, y decir que el trabajo en general es el uso que hacemos de nuestras facultades y de todos nuestros órganos: que este trabajo cuando se manifiesta exteriormente se ejerce sobre las personas ó sobre las cosas: que el que se ejerce sobre las personas unas veces contribuye indirecta y remotamente á la creacion de nuevos valores, y otras muy directa é inmediatamente: que los que se ejercen sobre las cosas unos crean valores y otros no. Explicándose con esta exactitud quedan resueltas por principios eternos de justicia ciertas cuestiones que maliciosamente se han embrollado, y refutados para siempre varios errores que de intento se han propagado en estos últimos tiempos. Sirva de ejemplo la siguiente

Cuestion: El hombre que trabaja, no sobre las cosas sino sobre las personas, ¿hace suyo legítimamente lo que se le da por aquella especie de trabajo? Parecerá inútil la pregunta, pero cuando se vea la respuesta y las explicaciones á que da lugar, se reconocerá que no en valde se ha tocado este punto, y que acaso no hay otro en que mas haya fascinado á los incautos la charlatanería de los modernos sofistas. En efecto, á fuerza de clamar contra las clases que llaman improductivas, sin detenerse á señalar las que en realidad y de justicia pueden merecer este título, han generalizado entre el ignorante vulgo la opinion de que todo el que no trabaja de manos es como una planta parasita en la sociedad que chupa y consume inútilmente la sustancia destinada á vivificar todo el cuerpo. No hay cosa mas falsa: al contrario, los individuos mas útiles en general son los que no trabajando de manos, obran, no sobre las cosas, sino sobre las personas. A estos es precisamente á quien debe la sociedad su existencia y conservacion, y el grado de felicidad de que goza; y puede asegurarse con verdad que sin obrar materialmente sobre las cosas, *crean* mas valores, ó aumentan la riqueza pública mas que todos los trabajadores manuales. Recorramos rápidamente estas clases que se llaman improductivas, y resultará la demostracion.

Empecemos por el clero, ó como se dice en el lenguage del dia, por los ministros del culto, y prescindamos de que la religion que predican sea verdadera en sus dogmas: todos ellos enseñan principios de moral, que salva alguna excepcion en las religiones falsas, son en general humanos y benéficos. Y con solo inculcar al pueblo ideas de justicia y de virtud, con inspirarle horror á los crímenes que turban el orden público, y con recomendarle el respeto debido á la propiedad agena, ¿no contribuyen eficacísimamente á que cada uno goce en seguridad de la suya? Y esta seguridad ¿no es por confesion de los mismos economistas el agente mas poderoso de la reproduccion y de la industria? ¿Cómo pues no contribuirá eficacísimamente á la creacion (aumento) de nuevos valores el que añadiendo á la obligacion legal la de conciencia, manda no tomar los bienes agenos contra la voluntad de su dueño, y amenaza en nombre del Altísimo con eternos castigos á aquellos mismos que por cualquier medio logran substraerse á la venganza de la ley? Esta verdad es tan notoria, que hasta el mismo Rousseau reconoció y confesó el poderoso influjo de la religion sobre la conservacion de las propiedades.

Pasemos al ejército, ó sea la fuerza armada, otra clase de las mas aborrecidas de los sofistas hasta que por desgracia se ha hecho cómplice, instrumento y ejecutor de sus planes. Cuando los hombres armados cumplian religiosamente con su obligacion; cuando no se erigian en legisladores, sino que obedecian al Príncipe *ciegamente*, sí, ciegamente, porque tal debe ser la obediencia del soldado, ¿habia en la sociedad una clase que mas directa y eficazmente contribuyese á la *creacion de nuevos valores?* Ora defendiesen las fronteras contra los enemigos exteriores; ora se limitasen á mantener el orden en lo interior, á evitar crímenes, y á perseguir malhechores, ¿á quién sino á ellos debian los restantes individuos del Estado la entera seguridad con que se entregaban á útiles y productivas ocupaciones? ¿No es la ley la que asegurando y protegiendo la propiedad es el fecundo y perenne manantial de la riqueza pública? ¿Puede existir esta donde no haya sociedad ni leyes? ¿Y de qué servirian las leyes sin una fuerza que asegurase la ejecucion, contuviese á los transgresores, y en caso necesario los pusiese bajo la espada de la justicia? ¿Y no harán suyo y muy suyo el estipendio que se les paga? ¿Y vendrá de un robo la propiedad que adquieren obrando sobre las personas? Y si desempeñan su encargo en el sentido de la ley, ¿no serán tan útiles á lo menos como el buhonero, que vendiendo agujas aumenta un poco su valor primitivo con el trabajo de ponerlas en una esquina para que puedan comprarlas los que pasan?

¿Y qué se dirá de los empleados civiles en todos ramos? Que no pudiendo subsistir sin ellos una sociedad tal cual numerosa, todos influyen muy inmediata y poderosamente en la creacion, aumento y conservacion de la riqueza pública, aunque no aren, ni siembren, ni caven, ni poden, ni corten maderas, ni las conviertan en mesas y ventanas, ni guarden materialmente ovejas, ni esquilen, carden y tejan las lanas de los rebaños. Mas custodian los ganados el guarda del campo y el alcalde de la hermandad, si cumplen con su deber, que el pastor, el cabrero y el rabadan de merinas; y mas parte tienen en la reproduccion de las mieses los magistrados y alguaciles, que despues de cogidas aseguran y protejen su posesion, que los mismos cultivadores. El sabio que en su gabinete se ocupa en indagaciones científicas; el ministro que dirige un ramo de pública administracion; el consejero que hace dar una buena ley, crean cada uno en un instante mas valores que todos los que puede producir en un año, y acaso en siglos, el simple cavador que remueve los terrones. Hasta el ocioso literato que pasa su tiempo en registrar antiguos códices, en examinar medallas, en aprender palabras árabes ó fenicias, ó en buscar el consonante para hacer una miserable redondilla, contribuyen, aunque mas remotamente, á enriquecer á las naciones. Algunos, es verdad, perderán el tiempo, y nada encontrarán que pueda ser útil á sus semejantes; pero á su lado se formarán tambien autores célebres, cuyas obras darán á la nacion que las produjo cierta celebridad, que no será indiferente para su engrandecimiento y prosperidad. La Francia debe mas quizá á sus buenos escritores el influjo político de que goza, que á la feracidad de su suelo y á su numerosa poblacion. Supóngase á la Francia sin literatura clásica; su lengua no seria hoy universal: y sin esta universalidad de su lengua y sin la fama de sus autores, ni seria hoy Paris la capital del orbe civilizado, circunstancia que vale muchos millones, ni el comercio frances seria tan extendido.

¿Y qué se infiere de todas estas observaciones? Que en las sociedades no hay realmente mas clase improductiva, que la de aquellos que no hacen nada, absolutamente nada, ni manual ni intelectualmente, los cuales son muy pocos en todas partes: que los empleados y asalariados públicos, si cumplen con sus respectivas obligaciones, aumentan mas la riqueza nacional que los mismos trabajadores; y que la propiedad que adquieren obrando sobre las personas es tan suya y tan sagrada como la de estos últimos, tiene el origen mas legítimo, y solo por una especie de locura se la puede llamar robo. Se dirá que no todos los asalariados públicos son necesarios ni cumplen con sus deberes. Esto quiere decir, que en las naciones bien gobernadas no debe haber mas empleados que los estrictamente necesarios: que es preciso cuidar de que no coman sin ganarle el sueldo que se les da, y que este ha de ser proporcionado á los servicios que prestan. ¿Y quién dice lo contrario? El principio está reconocido en teoría, aunque en la práctica sea muy dificil la observancia de la regla. Que el mas estirado político responda categóricamente á estas cuestiones, y de un modo satisfactorio: 1.ª ¿Cuántos son los empleados estrictamente necesarios en una nacion? 2.ª ¿Cómo se conseguirá que todos ellos hagan la cantidad precisa de trabajo á que estan obligados por sus respectivos empleos? 3.ª ¿Cuál es el sueldo justo que á cada uno de ellos debe asignarse? Ya se deja conocer que es imposible resolver semejantes cuestiones por una regla general; que la resolucion depende de mil y mil circunstancias locales, que varian de nacion á nacion, de ramo á ramo, de siglo á siglo, y casi de dia á dia: y que siendo imposible fijar con exactitud matemática el número de los empleados estrictamente necesarios, medir la cantidad de su trabajo, graduar en rigurosa justicia el respectivo sueldo que merecen, y obtener que todos ellos cumplan con su obligacion sin desperdiciar un solo instante de tiempo; no hay, ni ha habido, ni habrá un gobierno en que no haya algunos empleados no necesarios, en que otros no dejen de hacer una parte mayor ó menor del trabajo á que se obligan, y en que los sueldos sean geométricamente proporcionales al bien que hacen á la sociedad entera. Pero tampoco hay ni hubo jamas nacion alguna, que con un poquito de mal en esta parte, porque la perfeccion absoluta no es posible en ningun ramo, no deba mas á los individuos que trabajan sobre las personas, que á los que obrando sobre las cosas aumentan maquinalmente sus valores. Toda sociedad se compone necesariamente de ambas clases: su trabajo respectivo es necesario para que subsista la nacion; pero entre el manual sobre las cosas, y el intelectual sobre las personas, hay la misma diferencia que entre el cuerpo y el principio interior que le vivifica. ¿Qué es el cuerpo del hombre cuando le falta la vida? Un poco de polvo que se disipa. ¿Qué sería una sociedad compuesta, por imposible, de solos trabajadores manuales? Una asociacion fortuita que no tardaria en disolverse, y que en rigor no podria subsistir un solo dia. Digo por imposible, porque en el mas pequeño aduar se encuentran necesariamente individuos que no trabajan de manos. El anciano patriarca, el cacique, el encantador ó brujo ya se limitan aun allí á obrar sobre las personas; y si alguna vez obran sobre las cosas en la caza ó en la pesca, es por pura diversion.

Se insistirá todavía y se dirá: «cuando se sostiene que la propiedad que tiene otro origen que el trabajo sobre las cosas es un robo, se habla de la adquisicion primitiva, para dar á entender que las adquisiciones hostiles solo se distinguen del robo en la impunidad.» Si esta es la gran verdad que se nos quiere enseñar, sabida era desde que se conoció entre los hombres la distincion de lo justo y de lo injusto; pero esta verdad nada tiene que ver con la cuestion de que se trata, y nada prueba en favor de los que llaman robo á toda propiedad, que tiene otro origen que el trabajo sobre las cosas. El conquistador de un pais, despues de ocuparle, obra tambien sobre las cosas, cazando, pescando, y cultivando la tierra; y sino harto inútil le seria la ocupacion. Y si este trabajo legitima su propiedad, al dia siguiente que entró en la region conquistada se hizo su dueño legítimo. ¿Lo es sin embargo? No por cierto, hasta que la posesion haya prescrito. ¿Y por qué no lo es? Porque la usurpó á los antiguos poseedores, pero no por la frívola razon de que no obra sobre las cosas. Demasiado obra, y mas de lo que era menester; tala, destruye, incendia para adquirir la posesion, y una vez adquirida, edifica, puebla, cultiva; y si no trabaja él mismo, hace trabajar á los míseros habitantes. Luego la injusticia no está en la falta del trabajo sobre las cosas, sino en la injusta violencia con que se despoja al antiguo propietario. Permítaseme aquí una ligera digresion. Quando empecé á escribir esta obra, sabia en general que en las de los modernos políticos constitucionales habia errores, suposiciones arbitrarias, é inexactitudes de lenguage; pero á medida que voy adelantando, veo que es mucho mas de lo que yo mismo creia; y me atrevo á probar que en quanto se ha escrito sobre política constitucional, desde Rousseau hasta este dia, no hay una sola proposicion importante y de las que se llaman capitales, que bien examinada sea rigurosamente exacta y verdadera. Asi, mi obra va teniendo mucha mas extension de la que al principio me propuse darla. Y no lo puedo evitar. En cada punto que toco voy encontrando nuevos y nuevos errores que antes no habia observado sino en globo, y que es preciso combatir, porque veo su perjudicial trascendencia. Tal es todo lo que acaba de verse relativamente á las clases improductivas, en las cuales con tanta falsedad como malicia se comprende á los asalariados públicos. Ruego pues á mis lectores, que disimulen estas contínuas excursiones á objetos que á primera vista parece no debian entrar en el plan que me propuse. Consideren que ninguna de ellas es inútil.

Viniendo ahora á la division que hice al principio de este párrafo entre las personas consideradas como objeto de la propiedad; visto ya que la persona propia no puede en rigor filosófico y legal ser propiedad del individuo que constituye, á no ser que pueda uno ser propietario de sí mismo;

visto que el trabajo es el instrumento, el medio con que adquirimos la propiedad y aumentamos el valor primitivo de las cosas adquiridas; visto que este trabajo ejercido sobre objetos que no son nosotros recae ó sobre las cosas ó sobre las personas; y que en uno y otro caso puede aumentar ó no aumentar el valor primitivo de las propiedades; y visto tambien que siempre que ejercitado sobre las cosas ó sobre las personas contribuye directa ó indirecta, mediata ó inmediatamente al aumento de los valores primitivos, es un título justo y justísimo de la propiedad que por su medio adquirimos; pasemos á tratar de las personas que no son la nuestra, y veamos si pueden ser propiedades. Esto es lo mismo que examinar la gran cuestion de la esclavitud doméstica. Para hacerlo con la necesaria claridad, dividámosla en partes; porque es el modo de no confundir cosas muy distintas, que de intento confunden los declamadores de mala fé. 1.ª ¿Puede tener derecho un individuo de la especie humana para hacer de su semejante una propiedad suya de la misma clase que lo son las cosas inanimadas, y aun los animales que sujeta á su dominio? 2.ª ¿Puede un individuo de la especie humana enagenar su libertad personal, poniéndose absoluta é ilimitadamente bajo el dominio de otro hombre, de tal modo que este adquiera sobre el esclavo el derecho de disponer de él hasta venderle, y el de apropiarse todo el fruto de su trabajo? 3.ª Suponiendo este caso, ¿cuáles son todavía las obligaciones del dueño con respecto á su esclavo, ó lo que es lo mismo, cuáles son los derechos que este conserva en el estado de esclavitud?

En cuanto á la 1.ª, en la cual no puede negarse que Rousseau ha defendido victoriosamente la causa de la humanidad, ya antes de él la religion cristiana habia pronunciado el fallo definitivo; y todo hombre de buena fe debe reconocer que á la propagacion del cristianismo se debe la abolicion de la esclavitud doméstica, admitida, sancionada y casi naturalizada, por decirlo asi, en todas las naciones no cristianas, inclusas las cultísimas y liberalísimas repúblicas de la antigüedad, cuyo gobierno tanto se ensalza y preconiza para fascinar á los jóvenes, sin advertirles que en aquellos libérrimos paises la mitad á lo menos de los habitantes eran esclavos, á los cuales ataban sus dueños á la rueda de la tahona, como ahora se atan las mulas; esclavos que se vendian á manera de rebaños en los mercados públicos, como ahora se venden los carneros y las cabradas; esclavos á los cuales se les marcaba con un hierro ardiente, como ahora se marcan los caballos y los bueyes; esclavos á los cuales maltrataban sus amos por puro capricho y antojo con los castigos mas dolorosos; esclavos que la bárbara ley sujetaba á la tortura, de que eximia á los ciudadanos; y esclavos en fin de cuya vida disponian sus señores, como ahora lo hace cualquiera con los animales que cria ó compra para su manutencion. Y aunque abolida ya en las naciones cristianas la inhumana costumbre de reducir á rigurosa esclavitud los prisioneros que mútuamente se hacian en la guerra, subsistió aun por via de represalia respecto de los infieles; y con el descubrimiento del Nuevo mundo se introdujo y extendió el uso mas inhumano todavía de comprar en las costas de Africa los inocentes negros para revenderlos en América; la caridad cristiana y la doctrina de la igualdad evangélica, harto mas útil, consoladora y benéfica que la igualdad política predicada por los revolucionarios, han triunfado finalmente del interes y de la codicia, y el siglo XIX se honrará con haber visto el dia en que el impío comercio de negros ha sido legal y solemnemente proscripto en todas las naciones que profesan la religion de Jesucristo. Obtenido pues este triunfo, nada les resta que hacer á los escritores sino confirmar por los principios de la justicia humana la resolucion dictada por la justicia del cielo. No hay cosa mas facil. ¿En qué fundaban los antiguos el derecho que se abrogaban para hacer esclavos á los enemigos que caian en sus manos? En un falso supuesto. Daban por sentado que en la guerra puede lícitamente el vencedor exterminar á todos los combatientes del ejército contrario, y que en consecuencia puede tambien conmutar esta pena de muerte en otra menos cruel; y de aqui deducian que el guerrero en cuyas manos cae vivo un enemigo puede otorgarle la vida, pero á condicion de que le sirva como esclavo. Y en efecto, si la suposicion fuese cierta, la consequencia no estaba mal deducida, pero aquella no lo es. La ley de la propia conservacion autoriza á los individuos y á las naciones á defenderse contra los injustos agresores, y á matarlos en el acto de la agresion, mientras estan todavía con las armas en la mano; pero en el momento en que las dejan y se rinden, cesa ya el derecho de matarlos. Se podrá cogerlos y tenerlos mas ó menos custodiados por cierto tiempo hasta asegurarse de todo insulto de su parte; pero reducirlos á esclavitud vitalicia, á pretexto de que se les perdonó la vida en el campo de batalla, ni es permitido por la ley divina, ni conforme á los principios de la moral filosófica. Esta misma no permite hacer á otro hombre mas cantidad de mal, que la estrictamente necesaria para impedir que él nos le haga á nosotros. De aqui se infiere que si no es humanamente justo hacer esclavo al guerrero desarmado, que pocos minutos antes nos amenazaba con la muerte, mucho menos justo será hacer esclava á su inocente descendencia, que ningun mal nos ha hecho. Se infiere tambien, que será aun mas injusto, si cabe, que los comerciantes europeos vayan á las orillas del Senegal á arrancar de sus hogares á unos hermanos suyos, de los cuales ni de sus padres no han recibido ningun agravio; y que trasladándolos á las playas opuestas los vendan allí como manadas de ovejas. Quede pues establecido, que un hombre no tiene ni puede tener derecho para hacer esclavo suyo por la fuerza á otro individuo de su especie; veamos ahora si este, cediendo á la fuerza, podrá constituirse en esclavitud doméstica, que es la 2.ª Cuestion. En esta, en la cual no se trata ya de indagar lo que un hombre puede lícitamente hacer con otro, sino lo que cada uno puede hacer consigo mismo, vuelve Rousseau á su acostumbrada mala fe. Se propone ventilar la cuestion de la esclavitud: prueba muy bien que ningun hombre tiene el derecho de esclavizar á otro; pero, debiendo pasar á la 2.ª parte, es decir, á determinar si en el caso de que el primero abusando de su fuerza le quiera reducir á esclavitud, puede el segundo consentir en ello, y por qué principio, elude la dificultad pasando por alto tan importante materia, y substituyendo la declamacion á las razones. Sin embargo, la moral divina y la moral humana estan de acuerdo en este punto, con tal que se fije bien la cuestion. Esta se reduce á un caso no metafísico, sino muy real, y que hoy mismo está ocurriendo con frecuencia entre los salvages de América; y lo que para él se decida será la regla general. Supongamos que en accion de guerra, ó por cualquier otra desgracia, cae un hombre en manos de un enemigo feroz y desapiadado, y que este con la macana levantada sobre la cabeza del infeliz prisionero, le dice: «sé mi esclavo, ó morirás aqui mismo,» se pregunta: ¿puede el rendido aceptar la vida con aquella condicion? ¿puede consentir en quedar esclavo del que le hizo prisionero? ¿cometerá sacrilegio violando y enagenando el *sagrado* é *inenagenable* derecho de su libertad natural? — Respuesta. — Puede, y lo que es mas, debe aceptar la condicion. Puede, no porque sea metafóricamente *dueño* de su persona, sino porque puesto en tan cruel alternativa, es muy *dueño*, es decir, muy árbitro de elegir entre dos males el menor. Debe, porque la volumtad del Hacedor, y si se quiere su mismo interes bien entendido, le obligan á conservar la vida mientras puede, aun á costa de los mayores sacrificios.

Adviértase aqui cómo se enlazan entre sí todas las verdades, y cómo los errores mas indiferentes al parecer pueden tener peligrosa trascendencia. He notado poco ha que el gran principio de los modernos políticos de que la primera propiedad del hombre es su persona, que es dueño de ella en el sentido legal en que se dice «esta casa es mia,» y que en consecuencia puede disponer de ella de la misma manera que dispone de sus bienes, es un principio falso, inexacto, antifilosófico, y fundado en un equívoco; y ahora puede verse que estos juegos de palabras, que en otra materia serian pueriles solamente, aqui son pecaminosos. En efecto, de tomar al pie de la letra y en sentido legal la expresion metafórica «cada uno es dueño de su persona,» resulta nada menos que la impia doctrina del suicidio. En efecto, si el hombre es dueño legal de su persona, podrá disponer de ella libremente, podrá destruirla, como puede hacer pedazos su tintero ó romper el baston en que se apoya, y podrá por consiguiente poner fin á su vida lícitamente cuando se le antoje, así como derriba lícitamente su casa para reconstruirla de nuevo. Esta es en efecto la gran razon que alegan los defensores del suicidio. Y admitido el principio de que el hombre es verdadero propietario de su vida, nada se les puede responder. Pero la religion y la sana filosofía no enseñan una doctrina tan funesta y equivocada. Al contrario, dicen que el hombre no es dueño ni de la persona ni de la vida que recibió del Hacedor; que debe conservar esta mientras le sea rigurosamente posible; que la muerte es el mayor de los males temporales, y por tanto que nunca es permitido escogerla para evitar otro por terrible que parezca.

Y de esto ¿qué se deduce para el punto de que tratamos? Que dándosele á escoger entre la muerte y la esclavitud, siendo esta un mal menor que la otra, y estando obligado en conciencia y por interes á elegir el menos grave entre dos que le amenacen, no solo puede, sino que debe consentir en ser esclavo, si con esta, aunque durísima condicion, se le concede la vida. Se dirá que en este caso no es él quien se la quita negándose á ser esclavo; que por su parte es pasivo, y no atenta contra sí mismo, como en el suicidio rigurosamente tal. Esto quiere decir, que su crímen no seria tan grave, tan repugnante y horrendo; pero no que pueda lícitamente dejarse matar cuando le es dado conservar la vida. No; el hombre no puede sin culpa dejar el puesto en que la Providencia le ha colocado sobre la tierra; debe mantenerse en él á toda costa, mientras le es humanamente posible.

No se infiera de aqui, que cuando se le pone en la alternativa de cometer un pecado ó de morir, deba pecar para conservar la vida. En este caso ya está dicho que debe abrazar el extremo de la muerte; precisamente por la misma razon y por el mismísimo principio que aqui estamos alegando, á saber, porque entre dos males debe elegir el menor, y la muerte lo es sin duda comparada con el crímen. No sucede lo mismo en el caso de haber de optar entre ella y la esclavitud. Esta es un mal físico y civil, una desgracia, pero no es un pecado ni contra la ley natural ni contra la ley divina. El criminal en el caso de que hablamos, no es el desgraciado que redime la vida á precio de su libertad personal, es el vencedor inhumano que asi abusa de su fuerza, su poder actual, su fortuna ó su victoria. El salvage no tiene derecho para esclavizar al prisionero, pero este tiene, no como quiera derecho, sino obligacion á conformarse con la desgraciada suerte que la Providencia le depara.

3.ª Cuestion: ¿Cuáles serán pues en este caso las obligaciones del dueño, y cuáles los derechos del esclavo? Aquellas son las mismas que las del amo relativamente al criado, menos la de pagarle salario. Debe alimentarle y vestirle, tratarle con cariño, y no hacerle trabajar mas de lo que permiten sus fuerzas y el estado de su salud; asistirle en sus enfermedades, y en suma tener con él la misma indulgencia y caridad, que él quisiera encontrar si la suerte se trocase. Esta es la moral de la religion, y aun la natural bien entendida. En cuanto á los derechos del esclavo, ademas de los que son análogos á las obligaciones del dueño, es decir, en orden á ser alimentado, vestido, tratado con dulzura etc., tiene tambien el de romper aquel contrato; porque como dictado por la fuerza y la violencia, lleva implícita la cláusula de no durar mas tiempo, que el que dure la causa que le produjo. Esto quiere decir, que el que fue hecho esclavo por la fuerza conserva siempre el derecho de recobrar su libertad, si la ocasion se presenta. Este es un punto curioso que pide particular explicacion, y en el cual es necesario precisar bien las ideas para evitar equivocaciones, y prevenir ciertas consecuencias que pudiera deducir la malignidad de los jacobinos.

Lo que se dice pues es, que un hombre á quien otro esclaviza con amenaza de muerte, aunque para evitar esta haya dado su palabra, puede lícitamente substraerse á la esclavitud, y no está obligado á cumplir una oferta que le arrancó la violencia amenazandole con un mal tan terrible como el de perder la vida. Este caso es lo mismo, que el de la promesa que para evitar la muerte hiciese uno á los ladrones de no dar parte á la justicia luego que escape de sus manos, de servirles en la cueva, como Gil Blas, ó de cualquiera otra cosa que á ellos se les antojase exigir. Estas promesas y estos contratos son nulos, como se sabe, en toda legislacion, y aun en el fuero interno, por la coaccion moral con que se hacen. Puede pues el esclavo escaparse y huir de la esclavitud, si la fortuna le favorece. Pero no se infiera de aqui, que para recobrar su libertad puede asesinar á su dueño, ni robarle, ni causarle mal ninguno. Asi, por ejemplo, los esclavos de que habla Cervantes en su novela del *Cautivo* pudieron lícitamente admitir el dinero de la mora, mientras creyeron que eran suyas aquellas cantidades, darle al renegado lo necesario para que comprase la barca y huirse en ella cuando llegó la ocasion; pero en buena moral no debieron consentir en que Zoraida robase las albájas á su padre, ni esta pudo hacerlo, porque pensaba en ser cristiana. Una hija que desea abrazar la religion verdadera puede abandonar su patria, su casa y á sus padres; esto es lo que el Evangelio llama aborrecerlos; pero no puede robarles. Nótese de paso, cuán fácil es que un hombre piadoso, como lo era Cervantes, enseñe sin malicia doctrinas no muy sanas, cuando en una obra de pura imaginacion solo se propone divertir y sorprender con la novedad de los lances. Lo mismo se observa en la novela del *Curioso impertinente*, y en alguna otra de las suyas.

Y si tal es el derecho de los individuos en el caso de haber sido reducidos á esclavitud por la fuerza y la violencia, ¿cuál será el de las naciones conquistadas? Para responder completamente seria necesaria una larga disertacion, que me alejaria demasiado del asunto de este número. Baste pues hacer algunas observaciones para prevenir las falsas consecuencias que los jacobinos pudieran deducir de lo dicho en favor de los esclavos particulares. 1.º Hay que distinguir entre el conquistador bárbaro y brutal que no respeta ni las personas, ni las propiedades, ni las leyes, ni los usos, ni las costumbres, ni la religion de los vencidos, y el Gobierno culto que en buena guerra se apodera del pais agenó, y aunque se cometan algunos excesos inseparables de las hostilidades, respeta, como debe, en el territorio invadido lo que siempre es respetable entre naciones civilizadas: vida, honor, conciencia y bienes. Contra el primero todo es permitido, porque él es una especie de bestia feroz desencadenada para hacer todos los males imaginables; contra el segundo, mientras en general trata bien á los vencidos, ni la caridad cristiana, ni la moral mas comun, ni la gratitud, ni las leyes del honor permiten á los habitantes pasivos hacerle daño ninguno; los que con las armas en la mano continúan defendiéndose podrán causarle todo el que autoriza la guerra. Es mas; los habitantes inermes que se rindieron, capitularon y ofrecieron obediencia pasiva, deben cumplir lo pactado, mientras el invasor por su parte no quebranta los tratados. Esta es la moral de Jesucristo, y la moral misma de los filósofos que merecen este título, aunque por desgracia en nuestros dias hayamos visto predicar máximas horrendas que deshonran la humanidad, y hacen estremecer al hombre mas insensible. Tales son las contenidas en un artículo inserto en el Universal en este mismo año. 2.° Verificada la conquista, cuando la posesion ha prescrito, aunque la invasion fuese en su orígen injusta, si por otra parte el nuevo Gobierno no es absolutamente opresor, si en comun (porque abusos siempre ha de haber) promueve la pública felicidad, si respeta las personas y propiedades, y sobre todo si con el trascurso del tiempo el pueblo conquistador se ha mezclado y confundido con la nacion conquistada, y forman un solo Estado regido por unas mismas leyes, medianas que sean, nadie tiene ya derecho á levantarse contra el Gobierno establecido, á pretexto de que la conquista fue injusta y verdadera usurpacion. Este es un principio que se debe tener presente é inculcar á cada paso para hacer olvidar, si posible fuera, el falso dogma de la soberanía popular. Lo dije ya en otra parte, y no me cansaré de repetirlo. Si lo que legitima los Gobiernos fuese la voluntad soberana de los pueblos, como está demostrado históricamente que ninguna nacion ha llegado por su propia voluntad á ser lo que es ahora, sino por una serie de acontecimientos fortuitos, y á veces violentos y contrarios á sus mismos deseos, y en los cuales no ha tenido mas parte que la de conformarse *por fuerza* con lo que no podia evitar, resultaria que nada hay legítimo sobre la tierra, y que todos los pueblos pueden ponerse en insurreccion abierta contra los Gobiernos existentes.

Resolvamos por estos principios la famosa cuestion del dia, es decir, la de los griegos, y se verá cuánta conexion tienen entre sí todas las verdades, cómo se apoyan unas á otras, y cómo, por el contrario, los falsos principios se destruyen á sí mismos. La Grecia, pais que á consecuencia de mil vicisitudes de la fortuna habia venido á poder del Emperador de Constantinopla y de los venecianos, fue conquistada por los turcos á fines del siglo XV y principios del XVI, y desde entonces ha formado constantemente hasta el dia parte del imperio Otomano. Parémonos aqui, y hagamos una observacion importante. Si el tácito consentimiento de los pueblos es lo que legitíma los Gobiernos y las adquisiciones que estos hacen, el Sultan es legítimo Príncipe de la Grecia, y esta es legítimamente una provincia de su imperio, y si se subleva contra él, es rebelde y es perjura. No tiene duda. Los griegos en mas de trescientos años han vivido de hecho sometidos á la Puerta, han consentido *tácitamente* en estar bajo su dominio, han reconocido y obedecido sus órdenes, han pagado las contribuciones pedidas, han estado bajo la proteccion de sus armas, y no solo no se han levantado contra su nuevo Señor, pero ni aun han reclamado siquiera de palabra su anterior independencia: luego por el principio de la soberanía nacional el Gobierno de Constantinopla es tan legítimo en la Grecia como en las demas provincias. Y como por confesion de los filósofos populares la soberanía reside no en una sola parte, sino en toda la nacion, y cada provincia particular tiene que conformarse con la voluntad de la mayoría; siendo notorio que la *inmensa mayoría* de las provincias turcas siguen reconociendo la autoridad del Sultan, la Grecia ha debido hacer lo mismo, y si no lo hace es rebelde y digna de ser exterminada con el último castigo.

¿Por qué principio pues se podrá justificar la insurreccion de los griegos? No por el primitivo Contrato social, porque si este valiese, cada provincia de cualquier Estado, cada ciudad, cada pueblo, cada aldea, y aun cada individuo particular podrian levantarse contra el Gobierno del Estado el dia en que se les hiciese la menor injusticia; pues, como dice Rousseau, la menor violacion de las condiciones del pacto le disuelve y hace nulo. No por la soberanía popular, porque claro es que residiendo esta en toda la gran nacion gobernada por el Sultan, y siendo la Grecia una muy pequeña parte de aquel imperio, tiene que estar y pasar por lo que quiere la mayoría; y esta no quiere ciertamente que se subleven los griegos. No por los derechos naturales, porque á estos, aunque los hubieran tenido los primitivos salvages, hace muchos siglos que renunciaron los habitantes de la antigua Grecia, y en vano los alegarian hoy sus sucesores. ¿Por cuáles pues? Por los que tienen los hombres en sociedad, y precisamente porque estan en sociedad. ¿Y cuáles son estos derechos? 1.º El de que el Gobierno respete y proteja su vida, su persona, su honor, sus bienes, y lo que es mas, su conciencia: y 2.º el que resulta de aquí, á saber, el de substraerse al dominio de un amo que le trata como á una bestia de carga, y mucho peor si cabe; derecho que no se justifica ni por el consentimiento tácito, ni por la voluntad de la mayoría, ni por la soberanía popular de la *masa nacional*, ni por ninguno de los sueños de los metafísicos modernos. El verdadero, único y legítimo derecho de los hombres para substraerse á la dominacion de un mal Gobierno, está en el que adquieren por vivir en sociedad, es decir, el de que la nacion toda, el Gobierno y los particulares respeten su vida, su persona, su honor y sus propiedades. Por consiguiente el pueblo conquistado á quien el nuevo Señor no guarda estos primitivos é importantes fueros, conserva siempre el de sacudir el yugo: del mismo modo que el esclavo que violentamente ha sido reducido á tan triste situacion, tiene siempre el de recobrar su libertad. La única diferencia que hay entre el particular esclavizado y las provincias conquistadas y tratadas con dureza, está en que el esclavo para substraerse al yugo no puede lícitamente quitar la vida á su amo; y las provincias tienen que recurrir á las armas y entrar en guerra formal, en que han de padecer los opresores; pero ellos tienen la culpa, y merecen el daño que se les hace.

Este es el principio; apliquémosle á la Grecia, y se verá por qué pueden sus infelices habitantes reconquistar su independencia. Sabido es que el Gobierno turco no ha respetado desde la conquista ni las personas, ni las vidas, ni el honor, ni las propiedades, ni la conciencia de los infelices griegos; y que lejos de proteger la industria y fomentar la pública felicidad de los paises que conquistaron sus armas, los ha estado talando y devastando, como en los dias de la invasion: que ha dispuesto y dispone arbitrariamente de las personas, vidas y haciendas de los cristianos sometidos á su cetro; que á veces arranca inhumanamente de los brazos de sus padres á los varones para que sirvan en los genízaros, y á las hembras para la prostitucion de los serrallos; que los griegos y los turcos no forman un solo pueblo gobernado por unas mismas leyes, sino que son dos naciones separadas y distintas, lo mismo exactamente que lo eran entre los antiguos los hombres libres y los esclavos; que los turcos los miran y tratan como á verdaderos perros, y aun este es el título que les dan; que en las provincias no hay mas código ni mas ley que la voluntad de los Bajaes; que estos arrebatan á los míseros gobernados el fruto de sus sudores, sin dejarles muchas veces ni aun el preciso alimento; que con el mas leve motivo los reducen á material esclavitud, y los venden en los mercados como viles rebaños de carneros. He aquí el justo y justísimo título con que los griegos pueden tomar las armas para repeler tamañas tropelías y para asegurar en lo sucesivo sus personas, vidas y bienes. ¿Y qué tiene que ver con esta situacion particular de los griegos la de nuestras Américas, cuya rebelion se quiere canonizar, ni ese pretendido derecho universal de insurreccion que predican los jacobinos, y por el cual sostienen que las naciones cultas y racionalmente gobernadas pueden levantarse contra sus Gobiernos el dia que les agrade, solo porque hay este ó aquel abuso, y porque tal ó cual ley no es tan buena como hubiera podido serlo? Este es punto que trataré despues extensamente; pero era necesario hacer aqui estas ligeras indicaciones, para prevenir el argumento con que los jacobinos quieren justificar las insurrecciones políticas, tomado del derecho que tienen los particulares para substraerse á la esclavitud personal y doméstica el dia en que la fortuna les presenta la ocasion. Son casos tan absolutamente distintos, que solo la mala fe ha podido confundirlos.

Adviértase que cuando tomo la defensa de los griegos, considero teóricamente la pura cuestion de derecho; pero prescindo, y debo prescindir, de otras muchas cuestiones subalternas y de política, como las siguientes: 1.ª La insurreccion de los griegos ¿ha sido oportuna y útil, ó intempestiva y perjudicial? 2.ª Los Príncipes cristianos ¿deben sostenerlos, ó abandonarlos al furor y venganza de los turcos? 3.ª La Grecia ¿reune en el dia todas las condiciones y cualidades necesarias para formar un Estado independiente? 4.ª Suponiendo que asi fuese, ¿seria conveniente su ereccion? 5.ª Aun siendo útil en sí misma, las ventajas que resultarian de ella ¿compensáran los males que traeria consigo la guerra universal que seria inevitable? 6.ª ¿Cuáles son las potencias interesadas en que la Grecia forme un Estado independiente, cuáles se opondrian á ello, y por qué intereses políticos? 7.ª Si fuera posible que todas las potencias de Europa se conviniesen, ¿exigiria la causa de la religion, de la humanidad y de la civilizacion que se echase á los turcos de Europa? Ya se deja conocer que la resolucion de todos estos problemas pediria una obra á parte. Asi solo diré, para que no se dude de mi fe política, que aunque los griegos son muy dignos de compasion, su levantamiento ha sido sumamente inoportuno y perjudicial: que por ahora los esfuerzos de los Príncipes cristianos deben limitarse á defenderlos contra el furor de los bárbaros por medio de negociaciones diplomáticas, y á mejorar su suerte sin sostener la insurreccion ni reconocer su independencia: que cuando ellos la reconquistasen, no podrian conservarla sino erigiendo una monarquía absoluta, y poniendo en el trono á un Príncipe de cualquiera de las casas reinantes; pero que habiendo empezado por constitucionear á lo jacobino, al cabo serán deshechos si la Europa los abandona.

§. 4.°

De la pertenencia y el uso.

Todo cuanto hay que saber en este punto habia sido tan bien explicado hasta por los jurisconsultos mas ramplones, que nada habria que decir, si los sabios reformadores de la edad presente no se hubiesen empeñado en hacer mal lo que estaba muy bien hecho. Pero siendo su objeto embrollarlo todo y confundir las ideas dando nuevas acepciones á las voces, empiezan por hacer de la persona de cada individuo una verdadera y rigurosa propiedad; y reduciendo luego esta al solo trabajo del hombre, deducen de tan falsos principios una multitud de consecuencias que bien examinadas no son las mas verdaderas. Tales son las siguientes: «La propiedad consiste en la facultad de disponer de nuestro trabajo ó del producto de nuestro trabajo. Decir que la Constitucion debe *garantir* las propiedades, de los individuos, es decir que debe *dejarles* y asegurarles la libertad de emplear su trabajo como les parezca, y *disponer* de los productos de él como quieran. No es necesario que el legislador diga al ciudadano: *trabaja, y yo te recompensaré;* basta que le diga: *trabaja, y yo te aseguro que el fruto de tu trabajo será tuyo, y que tú solo podrás disponer de él como te parezca.* Cuando el hombre trabaja para sí solo, procura adquirir la abundancia; pero cuando sabe que el Gobierno no le dejará del fruto de su trabajo mas que la parte necesaria para continuarle y vivir, no trabaja mas que lo necesario para vivir en el dia. La Constitucion debe dejar *absolutamente* libre la industria, y un campo abierto al interes individual, prohibiendo los monopolios, los privilegios, los gremios, las corporaciones. Si las Constituciones políticas deben *garantir* la propiedad contra los atentados de los individuos, deben protegerla mas contra los de la autoridad, estableciendo que en ningun caso pueda exigirse del pueblo una contribucion que no haya sido examinada y consentida por sus representantes. El hombre de industria, es decir, el propietario de un establecimiento fabril ó comercial, tiene un interes mayor ó mas directo en la cosa pública, que el hombre arraigado ó propietario de tierras; porque la fortuna del primero depende esencialmente de la fortuna de la nacion; y el interes del segundo es mas aislado y mas independiente de la suerte de la sociedad.» Examinémoslas brevemente, y veremos cómo al lado de aparentes y útiles verdades se ocultan errores muy reales y peligrosos.

«La propiedad consiste en la facultad de disponer de nuestro trabajo ó del producto de nuestro trabajo.» Queda indicado que la propiedad completa consiste en la pertenencia del objeto y en la facultad de usarle; pero hasta el último patan sabe, que el dueño de una cosa puede ceder á otro la facultad de usarla por tiempo determinado; y sabe tambien, que cuando asi la cedió se priva de la de disponer de su propiedad hasta que se cumpla el plazo. Asi el que impone su dinero ó le presta con formal estipulacion de tiempo, no puede sacarle de la casa de comercio, ni exigírsele á su amigo hasta la época prefijada. Y qué, todos estos propietarios ¿no lo serán mientras estan privados de la facultad de disponer de sus propiedades? Nadie lo dirá ciertamente. Luego la esencia de la propiedad no consiste precisamente en la facultad actual de disponer de ella, sino en la pertenencia del objeto que lleva consigo la facultad habitual. 2.º Prescindiendo de esto, queda ya probado que el trabajo no es la propiedad misma, sino el medio con que se adquiere: luego esta no puede consistir en la facultad de disponer del trabajo. 3.º La facultad de disponer ó no disponer de un objeto es una especie de libertad: luego no es la propiedad, á no ser que libertad y propiedad sean una misma cosa. 4.º Cuando se dice que la libertad consiste en la facultad de disponer del fruto de su trabajo, ¿se habla de *todo* el fruto, ó de una parte del fruto? Elíjase el extremo que se quiera. ¿Se habla de *todo* el fruto? No hay propiedad en las naciones civilizadas. Claro: no hay nacion ninguna en que al individuo no se le tome una parte, por pequeña que sea, del fruto de su trabajo para los gastos comunes: luego á lo menos de aquella parte no puede disponer libremente: luego no tiene propiedad. ¿Consiste esta en la facultad de disponer de una parte del fruto de su trabajo? ¿Se reduce á esto el gran principio moderno? Pues está reconocido y fielmente practicado desde el origen del mundo en todas las sociedades. Si en todas ellas tienen los individuos facultad de disponer de una parte del fruto de su trabajo, y de hecho disponen de aquella en que consiste el alimento diario, y si no se moririan. El mas infeliz esclavo es propietario en este sentido, pues de todo el fruto de su trabajo se le deja á lo menos un pedazo de pan negro, y de este puede disponer; y en efecto ó se le come, ó le tira, ó le reparte con su perro. Vean pues los hombres superficiales á lo que se reducen, bien analizados, los grandes principios que con tanto aparato les predican los apóstoles del moderno filosofismo.

«La Constitucion debe dejar y asegurar á los individuos la facultad de emplear su trabajo, y disponer de los productos de él como les parezca.» — ¿De veras? ¿Es esto cierto? ¿Consiste en esto el gran derecho de propiedad? Luego si con el fruto de mi trabajo he comprado una viña y fabricado una casa, podré fundar con ellas una capellanía, ó dárselas á un convento. — No señor; no puede usted amortizar sus bienes; no puede usted donarlos á manos muertas; no puede usted hacer fundaciones que fomenten la superstición del vulgo y la holgazanería de los clérigos. — ¿Y por qué? — Porque una ley lo prohibe. — ¿Y esa ley es justa? — Si señor, justísima; y ojalá que siempre la hubiera habido. — Muy bien: ¿conque la ley puede justamente quitarme la facultad de *disponer como quiera* del producto de mi trabajo: luego puede justamente privarme de mi *sagrada* propiedad. — No tiene réplica. Esta, segun ustedes, consiste en la facultad de disponer del fruto de mi trabajo; la ley me despoja de esta facultad; luego me despoja de mi propiedad. Hé aqui un argumento sin respuesta, que patentiza la mala fe de los jacobinos. Primero para indisponer á los pueblos contra sus Gobiernos en materia de contribuciones, claman que la ley debe dejar á los individuos la mas plena y absoluta libertad para que dispongan de sus bienes como quieran y se les antoje; y luego para comprar con un papel que nada vale ricas é inmensas posesiones, sostienen que la ley no debió permitir á los individuos que hicieran fundaciones piadosas, ni que dieran ó vendieran sus bienes á manos muertas; y que por tanto se deben vender al instante todos los que estas poseen. Yo concedo por ahora que tienen mucha razon en todo esto, y que las leyes debieron y deben oponerse á la amortizacion civil y eclesiástica; pero reduzco la cuestion á este dilema: ó las leyes deben dejar á los individuos que amayorazguen sus bienes y dispongan de ellos en favor de manos muertas, ó no deben. ¿Deben? luego son injustas las que prohiben las nuevas vinculaciones y fundaciones piadosas. ¿No deben? luego es falso el gran principio de que la Constitucion debe dejar á los individuos la libertad de disponer *como quieran* del producto de su trabajo. De aqui hasta el dia del juicio se da de término para que se responda de una manera satisfactoria.

«No es necesario que el legislador diga al ciudadano: *trabaja, y yo te recompensaré*; basta que le diga: *trabaja, y yo te aseguro que el fruto de tu trabajo será tuyo* etc.» — Pregunto:

plantar moreras, importar ó exportar trigo, aclimatar plantas exóticas, fertilizar terrenos incultos, fundar nuevas poblaciones, desecar pantanos, construir un puente, hacer una máquina etc. etc. etc., ¿es trabajar? Paréceme que sin trabajo nada de esto puede hacerse! Muy bien: pasemos adelante. Una medalla de oro; tantos reales por fanega de granos importada ó exportada, exencion de tributos por tantos ó cuantos años, la propiedad del terreno desecado, cobrar un derecho de pontazgo durante un siglo, privilegio exclusivo de venta para un artefacto etc. etc. etc., ¿son ó no recompensas? Si no lo fuesen, ni se ofrecerian como premio, ni habria quien las solicitase. Un poquito mas: Cuando el legislador dice: «Se dará una medalla de oro al que plante mas moreras en tales ó cuales terrenos; se pagará una *prima* de tanto por cada fanega de trigo que se extrayga del reyno, ó que se importe, segun los casos; se eximirá de tributos al que rompa y fertilice tales tierras, ó aclimate tales plantas; á los colonos que funden nuevas poblaciones se les suministrarán tales ó cuales auxilios; se dará la propiedad de los baldíos á los que se encarguen de cultivarlos, y la del terreno desecado al que desagüe tal pantano; se concederá por 99 años el pontazgo de tal puente al que le construya, para que no solo se cobre del dinero que gastare y de sus intereses corrientes, sino para que se forme un gran capital; el que invente una máquina para tales manipulaciones tendrá el privilegio de venta por espacio de 10 años etc. Pregunto: este legislador ¿hace bien ó hace mal? ¿Hace bien? Luego hace bien el que dice: «trabaja, y yo te recompensaré.» ¿Hace mal? Pues vaya enhoramala la tan ponderada sabiduría de los ingleses, y desaparezcan del mundo todas esas sociedades económicas y de fomento con que tanto se envanecen esos mentecatos de franceses, ingleses, alemanes y americanos. Hé aqui otra prueba de lo que son esas generalidades que tan gratuitamente se condecoran con el título de principios; ó insignificantes vaciedades, ó absurdos insostenibles.

«Cuando el hombre trabaja para sí solo, procura adquirir la abundancia; pero cuando sabe que el Gobierno no le ha de dejar mas que la parte necesaria para continuarle y vivir, no trabaja mas que lo necesario para sostener la vida.» — Una obra entera, y no muy pequeña, seria necesaria para desenmarañar este sofisma y poner de manifiesto la falsedad de lo que aqui se asienta como verdad inconcusa. Ya que los límites á que debo ceñirme en este párrafo, no permitan tratar el punto con toda la extension que requeria, expondré sumariamente las principales razones con que puede combatirse el imaginario principio; pero antes es preciso entrar en algunas explicaciones para que no se confundan cosas que es importante distinguir. 1.ª Cuando se trata de exigir á un pueblo las contribuciones necesarias para los gastos comunes, hay ciertamente un término del cual no se puede pasar sin arruinar el pais; pero es imposible fijarle con exactitud matemática: lo único que se pueden determinar son los límites en que seguramente está encerrado. Se puede saber la cantidad á que no llega, y la cantidad de que pasa; pero no aquella á la cual es exactamente igual: asi como en geometría se sabe y se demuestra que la circunferencia del círculo es mayor que la del polígono inscripto, y menor que la del circunscripto; pero no se puede hallar sino aproximativamente la línea recta á que es rigurosamente igual. Permítaseme este símil científico que he buscado, no por pedantear, sino porque explica con claridad lo que se quiere decir en la proposicion. Asi en España se sabe que el *total* de las contribuciones puede pasar, pues efectivamente pasa, de quinientos millones de reales, y no puede llegar á tres ó cuatro mil; pero entre estos dos extremos no es posible determinar matemáticamente, si la suma que puede pagar la nacion es de seiscientos, ú ochocientos, ó mil, ó mas. 2.ª Cuando las contribuciones, sin acercarse demasiado al límite superior, se alejan notablemente del inferior, y se emplean en objetos útiles, lejos de empobrecer el pais, fomentan su industria y contribuyen eficazmente á enriquecerle. Esto quiere decir, que si las contribuciones no son conocidamente exorbitantes, y por otra parte se emplean útilmente, son tanto mas benéficas, cuanto son mayores. Esta, que parecerá una paradoja á los hombres superficiales, es una verdad teórica y práctica que nadie puede negar, y que luego demostraré; pero para hacer sentir su verdad, baste por ahora observar, que las naciones que pagan menos contribuciones no son por eso mas ricas y poderosas, sino mas pobres y débiles. Los vasallos inmediatos del Sultan, es decir, los habitantes del Asia menor, de las islas del Archipiélago, y del continente de la Grecia, pagan de contribucion anual uno con otro 43 rs. vn.; los de Francia unos 106, y los ingleses 255: ¿y son acaso mas pobres y miserables los franceses que los turcos y griegos, y los ingleses mas que los franceses? A la vista está la respuesta. Supuestos pues estos principios, vengamos á las dos partes de la proposicion enunciada.

1.ª «El hombre que trabaja para *sí solo* procura adquirir la abundancia.» ¿Qué quiere decir esto? ¿que el hombre que trabaja para sí solo, trabaja mas que si trabajase tambien para otros? Asercion falsa, si hay aserciones falsas en el mundo. Al contrario: el hombre trabaja tanto mas, cuanto mayores son las obligaciones á que tiene que atender, cuantas mas personas tiene que mantener con su trabajo. Y debe ser asi. El móvil de todo trabajo es la necesidad; y nadie trabajaria si por medio del trabajo no tuviese que satisfacer alguna. Esto es evidente. Y ¿qué se infiere de aqui? Que el hombre trabaja tanto mas, cuanto sus necesidades son mas numerosas y mas extensas. Por eso no solo los individuos de las naciones civilizadas trabajan mas que los de las tribus salvages, sino que en las mismas sociedades cultas trabajan mas los de aquellas que se hallan mas adelantadas en la civilizacion. Este es otro hecho incontestable. ¿Cuánto mas laboriosos no son los ingleses, franceses y alemanes, que los argelinos y marroquíes? Siendo pues innegable que el hombre trabaja tanto mas, cuanto mayores son sus necesidades, se pregunta: ¿quién necesita mas, el que trabaja para sí solo, ó el que trabaja tambien para mantener á otros? En igualdad de circunstancias, ¿quién será mas trabajador, el hombre suelto y sin obligaciones, ó el casado que tiene que mantener una dilatada familia? Que responda la experiencia de todos los tiempos y paises. Y bien, por este principio ¿quién trabajará mas, el que con su trabajo tiene que procurarse la subsistencia para sí solo y sus dependientes domésticos, si los tiene, ó el que ademas tiene que contribuir tambien á la subsistencia del Estado con una parte de su trabajo? Descendamos á un caso práctico. Si un labrador con un trabajo moderado puede cultivar cincuenta fanegas de tierra, y con su producto atender á todas sus obligaciones domésticas, y nada tiene que dar para los gastos comunes, pregunto: en este caso ¿trabajará extraordinariamente y se fatigará cultivando otras diez fanegas mas? Puede que alguno demasiado avaro lo haga; pero en general bien puede asegurarse que de los ciento los noventa y nueve se contentarán con el trabajo moderado que les suministra lo necesario. Supongamos ahora que á este mismo hombre se le impone una contribucion igual al producto de diez fanegas de tierra: ¿qué sucederá? Que viendo que el de las cincuenta solo alcanza para sus gastos personales, procurará cultivar otras diez mas, aunque sea á costa de aumentar proporcionalmente su trabajo. No hay arbitrio: este es el hombre, y diariamente lo estamos viendo en todas las familias. Si tiene uno mil ducados de renta, provengan de lo que se quiera, y con ellos se mantiene decentemente, no busca ninguna otra ocupacion en que aumentar su trabajo. Pero solo tiene quinientos: ¿qué hace si es un hombre económico y arreglado? Hace la cuenta siguiente: para el alimento necesito 10 rs. diarios, para la casa 4, para él vestido 3, para gastos imprevistos de enfermedades etc. otros 2 ó 3; suma 19 ó 20: no tengo mas que 15; luego es preciso que busque algun arbitrio de donde suplir la falta. ¿Y qué arbitrio será este? Cualquiera; pero si es lícito y honesto consistirá siempre en un aumento de trabajo. Si el calculador escribe bien, ó entiende de copiar música, irá á escribir el correo á uno que le quiera ocupar en este ministerio, ó buscará música que copiar. Esta misma cuenta pues hará todo el que ademas de su gasto tenga que contribuir para los generales de la nacion, y sea del modo que quiera. Es esto tan cierto, que entre nosotros la provincia mas industriosa y trabajadora es la de Cataluña, y lo es precisamente desde que se recargaron sus contribuciones, acabada la guerra de sucesion. No hay remedio; la necesidad es la madre de la industria y de las artes; luego todo aquello que aumente las necesidades de los individuos excitará su actividad, aumentará su industria, y los hará mas laboriosos. Vuelvo á repetir, que hay un término del cual no puede pasarse, porque las fuerzas humanas son limitadas. Asi, al que para sí solo no cultivaria mas que cincuenta fanegas, se le podrá imponer una contribucion igual al producto de otras diez, pero no igual al de doscientas, porque seria exigir un imposible.

En esta materia de contribuciones hay un error popular que los jacobinos, mientras no se apoderan del mando, se esfuerzan á sostener y propagar, (bien saben ellos por qué) y es el de que la nacion mas feliz seria aquella que no pagase ninguna contribucion; y de consiguiente, que ya que no sea posible abolirlas enteramente, es necesario disminuirlas, rebajarlas y reducirlas á la menor cuota posible. Es esto tan falso, que matemáticamente se puede demostrar que la nacion mas infeliz seria la que no pagase contribuciones, y que la mas dichosa será siempre la que pudiendo pagar y pagando enormes sumas, las emplee útilmente. Hagamos una *Utopia*. Supongamos que la nacion española estuviera tan poblada y rica, que pagase anualmente cinco mil millones de reales; que con ellos, despues de mantener el trono con esplendor, dotar al clero, y pagar generosamente á los empleados civiles, tuviese un ejército brillante de doscientos mil hombres, cien navíos de línea con ciento cincuenta fragatas, y hasta otras doscientas embarcaciones menores de guerra, y que aun quedasen anualmente, como quedarian, trescientos ó mas millones de reales para la construccion de canales, caminos, puentes, y otras obras de comun utilidad: pregunto, ¿seria feliz la España, ó no lo seria? ¿Qué buen español no desearia que se realizase este sueño? La España entonces rica y opulenta en lo interior, y respetada de todas las naciones del mundo, jamas tendria guerra si voluntariamente no queria; y en el caso de que sus intereses bien entendidos la obligasen á tomar las armas, el éxito seria favorable, y de todos modos en tiempo de paz su comercio se extenderia por todo el universo, y su pabellon tremolaria en todos los mares. Y á este poder y á esta riqueza ¡qué grado de abundancia y prosperidad no corresponderia en sus afortunados habitantes! Pues supongamos lo contrario: los individuos no pagan nada. Sin duda cada particular tendria en los primeros años un poco mas de dinero; pero que corra el tiempo, y veremos lo que resulta: 1.º no hay ejército, ni plazas fuertes artilladas ni provistas, ni se funden ó compran armas de ninguna clase; ¿no estará la nacion á merced de sus vecinas que la invadirán y asolarán cuando quieran? 2.º No hay marina militar que proteja la mercante, y con un navío en cada puerto nos cierran los ingleses la entrada, y no permiten que entre ni salga una mosca, y hasta pescar nos impiden; ¿á qué se reduciria nuestro comercio? Y sin comercio, ¿qué hacemos de nuestras cosechas, que supongo inmensas? 3.º Se van destruyendo los caminos, los canales, los puentes, y todos los edificios y establecimientos públicos: ¿qué será de la agricultura, de las fábricas, y del tráfico interior?

¡Ah necios los que declaman contra las contribuciones! Estas son el alma de los Estados, y sin ellas ni aun podria existir la sociedad. Cada peseta que se saca al particular, le causa un pequeño mal, le priva de un placer; pero de estos pequeños males individuales resulta el bien general. Esta peseta empleada en objetos de pública utilidad, y tales son la manutencion del último guarda de puertas, y la mas simple escobada que se da en las calles por los barrenderos de villa, produce, gastada de esta manera, diez veces mas que hubiera producido en manos del que la dió. Pudiera extenderme indefinidamente en esta importante materia, pero me alejaria demasiado de mi objeto principal, y ya me he alejado tanto que casi se habrá perdido de vista. Vengamos pues á la

2.ª parte de la proposicion. Cuando el hombre sabe que el Gobierno no le ha de dejar del fruto de su trabajo mas que la parte necesaria para continuarle y vivir, no trabaja mas que lo preciso para sostener la vida. 1.º No hay Gobierno en el mundo, ni le ha habido, ni le puede haber, que constantemente no deje á los particulares mas parte del fruto de su trabajo, que la necesaria para continuarle y vivir; porque si asi lo hiciese, dejaria de existir. Luego la suposicion es falsa, es un absurdo; y la consecuencia que de él se quiere inferir, nada prueba en buena lógica; pues hasta los niños saben que de un absurdo se sacará lo que se quiera. —¿Pues qué? se dirá, cuando un Gobierno rapaz arranca á los particulares el fruto de su sudor para satisfacer caprichos y mantener en el lujo á hombres destinados á consumir lo que otros producen, y á trabajar sobre las personas en vez de trabajar sobre las cosas, ¿no se disminuyen los capitales productivos? Y faltando con ellos el poder y la voluntad de trabajar, ¿no se amortigua la industria, y al fin se extingue del todo y con ella la poblacion? ¿No es asi como han desaparecido las naciones ricas y florecientes que en otro tiempo ocupaban los terrenos, hoy desiertos, del Asia y del Africa? — No, señor: no ha sido asi. Las ricas y populosas naciones que otro tiempo ocuparon las fértiles provincias del Asia y del Africa, no han desaparecido, porque bajo el yugo de los otomanos hayan pagado mas contribuciones, y porque el Gobierno haya mantenido mas hombres destinados á consumir que los que mantenia el anterior, sino porque el feroz Musulman solo ha tratado de arruinar y destruir, y nunca de edificar; porque no ha tenido un buen sistema administrativo y económico; porque no ha cuidado de reparar un camino, ni abrir un canal, ni hacer un puente; porque en Turquía no hay artes ni ciencias, ni verdadera civilizacion; porque contra los pueblos subyugados ha sido todo permitido á los vencedores; porque no se han protegido ni la vida ni las personas; porque se ha talado y asolado el pais en lugar de fomentar su agricultura y su industria; porque no se ha administrado justicia; porque no ha habido mas ley que la voluntad de los Bajaes; y para decirlo de una vez, porque no ha habido Gobierno, es decir, una gerarquía numerosa y bien arreglada de esos hombres que ustedes llaman destinados á consumir, cuando cabalmente, si cumplen con sus encargos, son los que hacen producir, y conservan lo producido manteniendo el orden, administrando justicia, persiguiendo á los malhechores, defendiendo el Estado contra los enemigos de fuera, y haciendo ejecutar en lo interior las providencias y leyes. La falta de estos hombres que trabajan sobre las personas, en vez de trabajar sobre las cosas, es lo que despuebla el mundo, y no el aumento de tributos, á no ser que estos lleguen á lo imposible, en cuyo caso no se pagan. Permítaseme hacer aqui una pregunta á los modernos publicistas, que aunque inconexa con el asunto de este número, es importante en sí misma. ¿Conque en Asia y en Africa hubo en otro tiempo una poblacion rica y floreciente? Luego hubo alli naciones bien gobernadas. Consecuencia innegable; pues ellos mismos dicen, y en esto convienen todos los demas, aunque no sean de su secta, que sin buen Gobierno ninguna nacion puede ser rica, floreciente y poderosa. Pues, señores, en ese tiempo á que ustedes se refieren, y señalen la época que mejor les cuadre, no habia en Asia y en Africa *Gobiernos monárquicos representativos*, todas las monarquías fueron absolutas, y no hubo jamas otras repúblicas que las de Tiro y Cartago, algunas colonias griegas, y las esclavísimas provincias romanas. Este es un hecho histórico. Luego para que las naciones esten bien gobernadas, y sean ricas y florecientes, no es necesario que su Gobierno sea republicano, ó al menos monárquico-representativo-constitucional: y al contrario, bajo los absolutos puede haber, pues las ha habido, naciones opulentas y felices. Me parece que la consecuencia no está muy mal deducida. A su tiempo se probará por otros principios hasta reducirla á rigurosa demostracion; por ahora continuemos.

2.º Cuando por imposible un Gobierno no dejase á los particulares mas parte del fruto de su trabajo que la indispensable para continuarle y vivir, no resultaria de ahi que cada individuo no trabajaria mas que lo necesario para vivir. Lo que resulta es, que en este caso cada particular tiene que trabajar lo necesario para mantenerse, continuar su trabajo, y dar al Gobierno lo que le pide. Demostracion. Trabaja un hombre este año lo necesario para vivir y continuar trabajando, le sobra alguna cosa, y esta se la toma el Gobierno: ¿qué sucederá al año siguiente? Que trabajará un poco mas para que su trabajo le produzca 1.º para vivir, 2.º para continuar trabajando, 3.º para dar al Gobierno lo que le pida, y 4.º si puede para que le sobre alguna cosa. Este es el orden, este es el hombre, y suponer lo contrario es no haber vivido en el mundo. Jamas un trabajador que ayer trabajó como cuatro, ha trabajado hoy como tres, porque el Gobierno le haya pedido una parte de lo que le producia el trabajo como cuatro: al contrario, saca fuerzas de flaqueza, y trabaja como cinco, si su salud lo permite. Si este esfuerzo no alcanza para ganar lo que el Gobierno le saca, estamos en el caso del máximo que antes dije; el cual si llegase, se arruinarian los particulares y con ellos las naciones y sus Gobiernos; pero estemos seguros de que todavía no ha llegado, ni llegará á verificarse jamas. No: nadie con verdad citará un solo Estado antiguo ni moderno, que haya desaparecido por lo exorbitante de las contribuciones: otras son las causas de su decadencia y ruina.

«La Constitucion debe dejar *absolutamente libre* la industria, y un campo abierto al interes individual, prohibiendo los monopolios, los privilegios, los gremios, las corporaciones.» 1.° Ya se ha explicado qué especie de libertad es la que reclama la industria, y se ha visto que no puede ser *absoluta* sin que resulten gravísimos daños á la comunidad y á los individuos. 2.° En cuanto á los gremios, las corporaciones ó colegios en que se distribuyen las profesiones, siempre que no sean *cerrados*, ni tengan privilegios perpétuos, no solo no hay inconveniente en que se conserven, sino que es muy necesario para la buena policía de las grandes ciudades, que cada oficio y profesion forme una de las secciones en que esté dividida la poblacion entera, conste de un registro, y tenga sus prohombres ó veedores con quienes se entiendan los Magistrados para mil y mil operaciones que ocurren á cada paso, como el repartimiento de las contribuciones, la formacion del censo, y otras. Es mas: aun cuando el Gobierno no forme estas secciones, y aun cuando la ley las prohibiese, ellas se formarán y existirán de hecho, á pesar de la prohibicion; porque la conformidad de ciertos intereses comunes en cada ramo reunirá siempre en cuerpo moral á sus individuos. Por eso en toda nacion civilizada existe un cuerpo de comerciantes, otro de artesanos, y otro de labradores; y en cada uno hay luego tantas secciones como variedades pueden distinguirse en la ocupacion principal; y sus individuos se reunen en clase colectiva ó en colegio, cuando su interes lo exige. Asi, entre los comerciantes los banqueros, los armadores, los de por mayor, los tenderos, y bajo otro aspecto, los de joyas, de paños, de lienzos, de sedas, de licores ect.; entre los artesanos los carpinteros, doradores, tallistas, zapateros etc., y entre los labradores los ganaderos, los cosecheros de vino, los de granos etc., aunque esten esparcidos, y como diseminados y desunidos no solo en una ciudad sino en todo el reyno, forman siempre un cuerpo, que en su caso y lugar representa colectivamente y nombra apoderados, y los Gobiernos se entienden con ellos; y hacen muy bien, porque seria imposible entenderse directamente con cada individuo particular. Quiere esto decir, que tratándose de gremios y corporaciones no es justo, ni útil, ni filosófico declamar contra ellos vagamente y en general; es preciso explicarse con exactitud, y decir que los colegios perjudiciales son los cerrados y con privilegios perpétuos. De otro modo se dan ideas muy equivocadas á la multitud, se confunden cosas que es muy importante distinguir; y en suma, se sigue prácticamente la táctica especulativa de la jacobinería, que es la de insinuar errores perjudiciales á favor de un equívoco, ó de un término vago y mal definido, para exasperar á los pueblos contra los Gobiernos existentes. 3.º Sobre los monopolios ó privilegios para la venta de algun objeto, ya está dicho tambien y repetido que los que se oponen á la felicidad pública son los perpétuos concedidos á ciertas corporaciones, pero no los temporales otorgados á particulares para recompensar ó estimular su actividad. Ahora añado, que aunque esto es cierto en general, puede haber todavía casos en que la excepcion á la regla sea muy ventajosa para el Estado; y no seria dificil probar que la Inglaterra debe una gran parte de su poder y de su inmensa riqueza al privilegiado monopolio de la compañía de la India. Tan dificil es reducir á teoremas geométricos las cuestiones de política y legislacion. La verdad que parece mas general, tiene tantas y tantas excepciones, que al fin no pasa en la práctica de una regla muy variable, que debe acomodarse á los casos, y no los casos á ella. Este es otro de los muchos males ocasionados á las naciones por la pedantería filosófica que se empeña en sujetar á riguroso cálculo matemático cuestiones que se versan sobre ideas que no son de cantidad mensurable, y se obstina en dar por aforismos infalibles ciertas abstracciones generalizadas, que luego en la práctica se reducen á muy ligeras probabilidades.

4.º Sobre los otros privilegios, que no paran en monopolio, está ya demostrado que lejos de ser perjudiciales á la sociedad, son el alma que la vivifica y conserva. Son en suma la una de las dos palancas que mantienen en accion y movimiento el mundo moral: son los *premios*. Claro es pues que las leyes no deben proscribirlos y desterrarlos del mundo, sino hacer de modo que se repartan observándose las reglas de la mas rigurosa justicia.

«La Constitucion debe establecer

que en ningun caso pueda exigirse del pueblo una contribucion que no haya sido examinada y consentida por sus representantes.» Cuestion es esta que merece un exámen particular y detenido, que se hará en otro lugar: por ahora baste preguntar ¿á qué se reduce en la práctica ese gran derecho del pueblo, tan preconizado en las modernas Constituciones? A que el pobre pueblo, donde tiene el sagrado papelote, paga á consecuencia del exámen y consentimiento de sus llamados representantes mucho mas de lo que antes pagaba, y mucho mas de lo que pagan proporcionalmente esas desgraciadísimas naciones que no tienen *sacrosanto Código* ni *Carta fundamental*. Ya he dicho que para mí, y en la realidad de las cosas, no está el mal en que sean crecidas las contribuciones con tal que se inviertan en objetos útiles; y asi no recae la observacion sobre que paguen mas precisamente, sino sobre que este mas es consentido por sus representantes; y por consiguiente, si el pueblo al cabo lo ha de pagar, le es y debe ser muy indiferente que la albarda se la echen los gobernantes ó los padres de la Patria. Unos cinco mil y quinientos millones de reales paga sumisamente el muy libre y constitucional pueblo de las islas Británicas, despues de *examinada* y *consentida* por sus representantes esa friolerilla; que si estuviese reunida en pesos duros formaria una montañita de plata. Y esto solo para los gastos generales, que si luego se añaden los municipales, la contribucion de pobres, las eclesiásticas, y otras mil gabelas, acaso ascenderá la suma total á la del numerario circulante. Tres mil y ochocientos millones de reales pagan los franceses por contribucion general, sin contar los derechos municipales, despues de muy examinado y consentido por sus representantes el *budjet*, ó estado anual de gastos que el Ministro de hacienda les presenta. Yo supongo que estas enormes sumas son necesarias y se distribuyen bien; pero pregunto: ¿qué mas pagarian ambos pueblos si no tuviesen *representantes* que examinasen y consintiesen las recetas anuales despachadas por el Canciller del *Echiquier* y el Ministro *des finances*? Probablemente no pagarian ni aun tanto; y en efecto no suben proporcionalmente á tan crecida tarifa los impuestos de Rusia, Prusia, Toscana, Roma y Nápoles, donde no hay representantes que examinen y consientan las contribuciones pedidas por el Gobierno. Pero concedamos que no teniendo papelote pagasen tambien lo mismo; vuelvo á preguntar: ¿qué beneficio real les resulta á los pobres contribuyentes de que se les saque el dinero por consentimiento de sus honrados representantes, y no por un decreto del Soberano, si en resolucion se les saca? ¿Qué les importa á ellos que la orden en virtud de la cual se les exige se llame ley de subsidios votada en una Cámara, que al fin da siempre lo que se le pide, ó que tenga por título ukase del Emperador, decreto del Rey, *ordonnance Royale*, alvará de S. M. F., ó bula del Santo Padre? ¿Es posible que los hombres se han de pagar siempre de palabras, y no han de penetrar hasta la sustancia de las cosas? — Si señor, les importa mucho; porque habiendo representantes, estos cuidarán de que las contribuciones sean proporcionadas á las verdaderas necesidades de la nacion. — 1.º Como las verdaderas necesidades de las naciones nadie puede conocerlas exactamente sino el Gobierno, que es el que reune en su mano el estado de gastos de todos los ramos del servicio público; decir que los representantes proporcionarán los tributos á las verdaderas necesidades, es decir en suma que los proporcionarán al estado de gastos que el Gobierno les presente. Y en efecto, esto es lo que se hace en los paises constitucionales, y lo que hemos visto prácticamente entre nosotros. Conque en último resultado en todas partes paga el pueblo lo que el Gobierno dice que se necesita para atender á las verdaderas necesidades. Que lo diga pues directamente, ó lo diga por interpuesta persona, la cosa pára siempre en sacar el dinero del bolsillo. 2.º ¿Es cierto que los representantes, donde los hay, cuidan de que las contribuciones sean proporcionadas á las verdaderas necesidades del Estado? ¿No se gasta en Inglaterra y en Francia, ni se ha gastado en España durante los tres años del *sistema*, mas de lo necesario para subvenir á las verdaderas necesidades de las tres naciones? ¿Era verdadera necesidad de la nacion española tener algunos miles de cesantes y pagarles unos cuarenta millones de reales para que ocupasen sus destinos los identificados con el régimen constitucional? ¿Era verdadera necesidad de la Francia en tiempo de Buonaparte la de mantener un ejército de ochocientos mil combatientes para que su Emperador hiciese temblar sobre sus tronos á todos los Monarcas legítimos, y extendiese los estragos de la guerra desde las columnas de Hércules hasta la capital de los antiguos Kzares de Moscovia? ¿Tiene *verdadera necesidad* la Inglaterra de que sus armas hayan reducido á provincia inglesa la vasta península del Indostan, despues de haberla devastado, y de que su marina sea ella sola mayor que todas las del universo reunidas? Y si ni la España tenia *verdadera necesidad* de cesantes, ni la Francia de conquistas, ni la Inglaterra la tiene de asolar la mitad del Asia y tiranizar los mares, ¿cómo sus respectivos representantes han concedido las contribuciones destinadas á subvenir á estas necesidades *no verdaderas*? ¿Lo veis, pueblos y naciones, que todas esas delicadas teorías consignadas en las modernas Constituciones se reducen á humo, y quedan en nada cuando se llega á la práctica; y que las esperanzas con que se os adula son vanos fantasmas y trampantojos inventados solo para engañaros, seduciros y esclavizaros en nombre de la libertad y de la filosofía? Desengañaos pues, y no os pagueis de palabras, que se quedan escritas en el papel, y de las cuales se burlan los mismos que las escriben.

»El hombre de industria tiene un interes mayor y mas directo en la cosa pública que el propietario territorial.» — ¿Y por qué? — Porque la fortuna del primero *depende esencialmente* de la fortuna de la nacion, y el interes del segundo es mas independiente de la suerte de la sociedad en que vive. — ¿Y cómo se probará que la fortuna del comerciante ó el artesano depende *mas esencialmente* de la fortuna de su nacion, que no la del propietario territorial? — Muy facilmente. Mire usted: «el propietario territorial, que *no puede separarse de su tierra sin abandonar su único medio de existencia*, lo sufrirá todo con tal que se le deje su tierra. Impuestos exorbitantes, vejaciones personales, todo se puede ensayar con él impunemente: pegado á su tierra, como la ostra á su peñasco, está dispuesto á la paciencia y la esclavitud. Al contrario el comerciante y fabricante: como *la propiedad industrial es tan facil de trasportar, como no está arraigada al suelo, no impone sujecion alguna, no hace necesaria la mansion en un pais, y la tierra entera es la patria del hombre industrioso.* Si un comerciante es opri-

micilio en Madrid, toma sus fondos, por grandes que sean, en una cartera, y en pocos dias se halla con su caudal en los Estados-Unidos, y ha puesto el Océano entre él y su opresor. Si un artesano es vejado en Paris, á todas partes lleva sus fondos con su persona, y en Alemania ó en Rusia podrá trabajar y vivir como en Francia." Calla: ¿conque la fortuna del hombre que tiene precision de vivir en un pais y no puede abandonarle sin privarse del *único medio* que tiene para subsistir, está menos dependiente de la suerte de aquel pais, que la fortuna del hombre que puede abandonarle cuando quiera llevándose consigo todo su caudal, todos sus fondos, todos los medios de subsistir? Pues hasta ahora siempre se habia creido que tiene mas interes en que sea rica, feliz y bien gobernada una nacion aquel hombre que tiene que vivir en ella, que el que puede dejarla cuando se le antoje; siempre se habia creido que tiene mas amor á su patria y se interesa mas en su suerte el que no conoce ni puede tener otra patria distinta de aquella que el que tiene por *patria el universo entero*: siempre se habia creido que tomaban mas parte en la *cosa pública* el hijo, el vecino, el ciudadano de un pueblo, que el forastero, el transeunte y el extrangero que pueden largarse el dia en que no les vaya bien: siempre se habia creido que las desgracias de un pais cogen mas de lleno, y por tanto deben serles mas sensibles, á los que tienen que continuar viviendo en él, aunque sea desgraciado, que á aquellos que con solo la amenaza y antes que llegue el chubasco pueden impunemente hacerle una cortesía. Siempre se habia creido que si el peñasco se desmorona y hace añicos por la violencia de un terremoto, padecerá mas la ostra que vive pegada á él y no puede desasirse, que la merluza inmediata que apenas sienta la conmocion puede escurrirse, ponerse en franquía, y largarse al alto mar. Ya se ve, como de estas cosas habian creido nuestros estúpidos abuelos; pero nosotros, á Dios gracias, estamos ya en el siglo de *las luces*, y no creemos semejantes paparruchas. Y asi, cuando llegue el caso, confiarémos la suerte y la fortuna de la patria al hombre que no tiene sobre qué le llueva el cielo, y que despues de haberla saqueado puede coger en una cartera todos sus fondos, y en pocos dias poner el Océano entre él y los que pudieran residenciarle; y no se la confiarémos al otro pelele que teniendo grandes olivares, inmensos viñedos, numerosos rebaños y vastísimas labranzas, habrá de perecer el dia en que trasladado á pais estrangero y privado de sus rentas tenga que vivir de limosna. Y hacemos muy bien. Miren lo que le importará á este tunante que las contribuciones de su pais sean chicas ó grandes, que sus frutos se vendan con estimacion ó haya que darlos de valde, que haya en él caminos y canales para trasladarlos de un punto á otro ó no los haya, que un comercio activo llevándolos á las extremidades del globo aumente su valor y estimacion y se los pague á buen precio, ó que se queden sobre la tierra que los produjo; y que haya ó deje de haber fabricantes de aguardiente y jabon que vengan á buscar sus vinos y aceytes para elaborarlos. ¿Y qué cuidado se le dará tampoco de que haya buenas leyes y se administre justicia? Nada: para él es indiferente que vengan los ladrones á sus viñas y le roben la mitad ó el todo de la cosecha.—Dejando ya el tono irónico: todo esto quiere decir que para no dar al pueblo ideas equivocadas es menester decirle que en una nacion debe haber propietarios territoriales, artesanos, fabricantes y comerciantes; que todos ellos son útiles y necesarios, é igualmente estimables mientras permanecen en el pais y contribuyen á la comun felicidad; pero que tratándose de examinar y decidir cuál de ellos deberá tener por su profesion mas *apego* á su pais, es claro y demostrable que será aquel que viviendo *pegado* á él como la ostra al peñasco, tiene identificada su suerte con la del peñasco en que vive, y fuera del cual perece. Y si esto no es evidente, ¿qué hay evidente en el mundo?

Pero una guerra, un robo pueden privar á un comerciante y á un fabricante de todos sus capitales, en vez de que solamente podrán privar á un propietario particular del fruto de una ó dos de sus cosechas, dejándole sus tierras que son sus capitales, con los cuales puede resarcir sus pérdidas. El capitalista de industria tiene pues mas interes que el capitalista territorial en la guerra, en la paz y en la administracion interior. — No señor: todo lo contrario. Demostracion palmaria. Hay guerra; sitiadas serán las plazas y taladas las provincias: ¿cuál suerte será peor, la del comerciante que recogiendo en una cartera todos sus fondos puede trasladarse á provincias mas lejanas, y aun á pais extrangero, ó la del propietario de casas que no puede mudarlas de donde estan, y tiene que dejarlas para que las bombas se las reduzcan á ceniza? ¿la del artesano que se puede ir á otro punto llevándose sus fondos, que son su talento y habilidad, ó la del dueño de viñas, olivas y arboledas, que no pudiendo trasladarlas á otro suelo tiene que dejarlas para que sean cortadas por los enemigos, y hasta por los mismos defensores de la Patria, como sucedió en Zaragoza? ¿Quién perdió mas en el sitio de Bayona, los comerciantes con sus carteras, ó los dueños de tantas y tan hermosas casas de campo con sus jardines y arbolados, de las cuales no ha quedado mas que el sitio en que existieron? En cuanto al robo, como el propietario de tierras tiene tambien muebles, ropas y dinero, tan interesado está por esta parte en que no haya ladrones, como el comerciante y el artesano; y aun añade la riqueza de los frutos que tiene que dejar abandonados en el campo hasta el momento de cogerlos.

Todo eso está bien; pero no puede negarse que el carácter de los propietarios territoriales es necesariamente servil y docil al yugo, y el del hombre de industria comercial ó fabril es necesariamente libre, *independiente* y poco sufrido. — Esto es decir que el propietario territorial es un ciudadano mas sumiso y obediente al Gobierno, y menos dispuesto á entrar en conspiraciones y revoluciones jacobínicas. Sin duda; y esta importante verdad advierte á todos los Príncipes, si no quieren ser víctimas de regeneraciones filosóficas, que en igualdad de circunstancias aprecien mas á la *ostra pegada al peñasco*, que á la anguila que se escurre. Esto quiere decir, que supuestas las demas cualidades, es preferible para los destinos de confianza el pretendiente arraygado, que el que nada tiene que perder, ó puede meter en una cartera sus fondos. Verdad muy importante y digna de meditarse.

§. 5.°

Amortizacion.

Ya he tocado varias veces, pero indirectamente, este punto de que tanto se habla, y sobre el cual, como sobre los otros que ya llevo examinados, no se precisan bien las ideas, ó porque no se sabe, ó porque no se quiere, ó porque asi conviene para engañar á los pueblos con vagas declamaciones.

Es pues llegado el caso de tratarle directamente; porque hablando de la propiedad no hay ninguno entre los políticos y economistas modernos que no declame contra la amortizacion, y no sostenga que para proteger eficazmente la propiedad territorial, ó lo que es lo mismo, para fomentar la industria agrícola, es de toda necesidad acabar con la amortizacion civil y eclesiástica, y dejar en libre circulacion todos los bienes raices. En esta parte, como en otras muchas, hay un gran fondo de verdad; pero para no confundir con ella aserciones ó no muy verdaderas, ó absolutamente falsas, es necesario fijar con exactitud el sentido legal de la palabra *amortizacion*, explicar de qué modo y por qué razon es perjudicial, y determinar los límites en que las leyes deben circunscribirla, en caso que no puedan ó no deban destruirla.

Se cree generalmente, y la palabra misma de *amortizacion* contribuye á que se crea, que toda finca que se halla en poder de las que se llaman manos muertas está rigurosamente amortizada; pero esto no es cierto en el sentido económico; esta es una acepcion vulgar que debe borrarse del diccionario legal. En este no es verdaderamente amortizada la finca que el poseedor actual puede libremente vender á dinero, gastando este como mejor le parezca, sino aquella que ni el poseedor actual, ni el inmediato, ni los que les sigan hasta la consumacion de los siglos, pueden enagenar gastando su importe como mejor les acomode, sino que en caso de venderla ó trocarla con licencia del Gobierno, del legislador, ó de quien fuere, tienen que dejar otra de equivalente valor. De aqui se infiere que las fincas amayorazgadas y las de capellanías y memorias, de que los poseedores no pueden disponer sin licencia de un magistrado, sea el que fuere, y cuyo producto en caso de enagenacion debe invertirse necesariamente en bienes raices equivalentes, son fincas rigurosamente amortizadas: pero por la misma razon no lo son las de las comunidades religiosas, las de las catedrales; y las de las Ordenes militares, siempre que puedan venderlas, ya con licencia, ya sin ella, pero sin la obligacion de adquirir con su precio otra finca equivalente. En una palabra, siempre que el poseedor actual de bienes raices, y sea mano muerta ó viva, puede venderlos, y ó gastar el dinero que le valgan, ó imponerlo á rédito en los fondos públicos y en bancos particulares, ó darlo á censo redimible, estos bienes no estan verdaderamente amortizados, porque no estan fuera de la *viva circulacion:* lo estarán si el poseedor ó no puede venderlos jamas, ó en caso de enagenarlos tiene que tomar en su lugar otros bienes raices equivalentes. Esta es la amortizacion rigurosamente tal, y la que con mas propiedad deberia llamarse *incirculacion perpétua,* con lo cual se evitarian las vagas y equívocas acepciones que ordinariamente se dan á la palabra *amortizacion;* palabra que todos repiten, y pocos entienden bien.

Hecha esta explicacion se ve mas

claro que la luz del mediodía, por que la verdadera amortizacion es perjudicial en las naciones. No es precisamente porque desamortizadas las fincas se hayan de nivelar las riquezas, aunque tambien contribuiria esta providencia á su menos desigual reparticion; es porque substraida una parte de la propiedad territorial á la libre circulacion, se aumenta el precio de la parte que circula libremente; y el valor capital de cualquiera finca, ó sea lo que cuesta el adquirirla, no está en justa proporcion con el producto ó rendimiento que deja. Esta es una verdad matemática para todo el que entienda de economía; pero no será inútil que yo haga perceptible su verdad á los que no esten muy versados en esta ciencia. No hay cosa mas facil ni mas secilla. Todos saben que cuando vienen muchas uvas á la plaza y acude poca gente á comprarlas, valen mas baratas que cuando vienen pocas y son muchos los que las buscan. Esto quiere decir que el precio de los objetos es tanto mayor, cuanto mayor es el número de los compradores y menor el de las cosas vendibles; y al reves, tanto menor, cuanto mayor es el número de estas y menor el de los que las buscan para comprarlas. Y de aqui ¿qué se infiere? Que suponiendo que el número de personas que quieren comprar bienes raices en una nacion sea de cien mil, se venderán aquellas tanto mas caras, cuanto sean en menor número; y al contrario, se venderian mas baratas si, quedando el mismo el número de compradores, fuese mayor el de las puestas en venta. Y como el rendimiento anual de una finca no está precisamente en proporcion rigurosa con lo que costó su adquisicion, sino que depende de otras mil circunstancias variables; resulta, cuando se compró muy cara, que el rédito anual que deja es menor que el que dejaria si se hubiese comprado mas barata. Por ejemplo: el precio anual del trigo depende de lo bueno ó malo de la cosecha, de la abundancia ó escasez que habia antes de que esta llegase, de la mayor ó menor extraccion que se verifica ó espera, y de algunas otras circunstancias accidentales; y por consiguiente, dado ya el precio, es muy desigual el rédito de las tierras. El que compró la suya muy barata, sacará cinco ó seis por ciento; el que la compró menos barata, sacará cuatro ó tres; y el que la compró sobre cara, tal vez no sacará dos. Esto lo pueden entender hasta los niños. Resulta pues que en general cuando las fincas tienen un valor exorbitante es muy corto el rédito que producen. Y como queda demostrado que siendo pocas las que circulen ha de ser exorbitante su precio, se ve igualmente que en este caso la ganancia que dejen los capitales empleados en fincas, ha de ser por necesidad mezquino. Y como siendo escasa la ganancia que dejen estos capitales, son tambien pequeños ó ningunos los ahorros que pueden hacerse para aumentar el valor de las mismas fincas, el resultado final es que la agricultura en lugar de acrecentarse y prosperar, disminuye, decae, y á lo mas se sostiene en un estado de languidez de que no puede salir por otro medio que aumentando el número de las fincas circulantes, para que esta mayor concurrencia de objetos vendibles las vaya abaratando insensiblemente, y restableciendo por este medio el nivel natural que, dadas las demas circunstancias, debe haber entre el valor capital de cada finca y el rédito que produce.

Aqui puede hacerse una objecion delicada, y al parecer bastante fuerte, y es la siguiente: Produciendo poco las fincas cuando su circulacion disminuye, se irá disminuyendo tambien el número de compradores. Es consecuencia necesaria. Todo el que trata de invertir ó hacer productivo su capital, procura emplearle en aquella clase de industria que le proporciona mayor ganancia; y por tanto si ve que comprando fincas el rédito no ha de ser mas que de uno ó dos por ciento, no le empleará en esta clase de compras, sino en el comercio ó en alguna manufactura, porque en estos dos ramos sacará un interes mas crecido. Y como este acertado cálculo que hace el capitalista A, le harán tambien los capitalistas B, C, D etc., se irá disminuyendo insensiblemente el número de compradores de fincas. Y como quedando el mismo el número de las vendibles, bajará su valor á proporcion que sea menor el de los compradores; aunque en el acto de amortizarse una cantidad de aquellas resultará al pronto el efecto que se supone, este irá cesando poco á poco, y con el tiempo el valor capital y el rédito recobrarán el justo y primitivo nivel que accidentalmente perdieron. Es evidente. Si las fincas circulantes son pocas, tambien son pocos los compradores. No trae pues la amortizacion ese daño que tanto se pondera y cacarea. — Este argumento seria convincente, si en efecto el capitalista que empleando su dinero en fincas ve que sacará muy limitado interes, se retrajera por eso de comprarlas y destinase su capital á empresas fabriles ó comerciales; pero este supuesto no es cierto. La mayor seguridad y duracion que ofrecen los bienes raices, y el mucho deseo que de consiguiente tienen todos los hombres en general de hacerse propietarios territoriales, hace que aun siendo muy corto el rendimiento de las fincas, las prefieran por lo comun á las empresas comerciales y fabriles por los mayores riesgos, menor seguridad, y mas corta duracion que presentan estas especulaciones. Asi apenas hay un hombre que no prefiera el tres por ciento asegurado sobre tierras, al seis ó al siete expuesto á las contingencias del comercio ó de las manufacturas. Diariamente se estan viendo pruebas demostrativas é innegables de esta verdad. No hay comerciante, ni artesano, ni propietario de una fábrica que en llegando á componer con sus ahorros un decente capital no trate de comprar con él una finca mas ó menos productiva, segun su calidad y las circunstancias del pais. De aqui resulta que el número de compradores de bienes raices es siempre tan grande como puede serlo en cada época determinada; porque en todas es siempre el de aquellos que tienen capitales disponibles. Permaneciendo pues este número siempre el mismo, y disminuido, por lo supuesto, el de las fincas vendibles, su valor en venta será constantemente mayor que el que deberia ser atendido el rédito que producen. Esta es, como se ve, una demostracion aritmética; siendo innegable el principio antes sentado de que el precio de los objetos venales aumenta necesariamente cuando quedando el mismo el número de compradores es menor el de las cosas vendidas.

Otro perjuicio trae consigo la verdadera amortizacion, y es el de que las fincas no se cultiven con tanto esmero como si fuesen de libre circulacion, ni se hagan en ellas las mejoras que se harian en este caso. Esto se ve en todas partes, y no puede menos de ser. El hombre que puede vender su finca cuando quiera ó tenga necesidad, procura necesariamente que valga lo mas posible por si llega el caso de tener que enagenarla; y en consecuencia invierte en mejorarla y repararla todo lo que puede ahorrar, cubiertos los demas gastos. No sucede asi con el que no puede venderla. Este se extiende, á lo mas, á conservarla en buen estado para que no le falte la renta que le produce; pero no cuida de acrecentar un valor que no ha de ser para él. Asi el capellan y el mayorazgo solo tratan por lo comun de disfrutar mientras viven de los bienes que poseen como simples usufructuarios, y se curan muy poco de aumentar el valor que tenian cuando entraron á poseerlos. Toman la renta y se la comen, y rarísimo será el que separe una parte para mejorar las fincas. No sucede lo mismo exactamente en la amortizacion incompleta, es decir, cuando las comunidades y corporaciones pueden vender sus bienes, si asi lo exige su interes ó necesidad. No tienen ellas á la verdad un estímulo tan poderoso para trabajar én beneficio de sus inmediatos y remotos sucesores, como el que tienen los propietarios sueltos y libres; pero el interes de la comunidad, que aunque formada por agregacion voluntaria es una verdadera familia, hace que no descuiden tanto sus haciendas como los capellanes y mayorazgos, aunque no sea por otra razon que por si llega el caso de tener que enagenarlas. Sin embargo, respecto de los propietarios colectivos en general, hay cierto motivo para que sus fincas no esten tan bien cuidadas como las de los particulares; y es que no pudiendo cultivarlas y administrarlas por sí mismos, tienen que ponerlas en manos de mayordomos ó administradores, que nunca las miran con tanto cariño como los dueños individuales á las suyas. Este es otro hecho notorio, consignado en cien adagios ó proverbios castellanos. *Hacienda, tu dueño te vea; el ojo del amo engorda al caballo* etc., son sentencias muy verdaderas, aunque vulgares, fundadas en la constante experiencia de lo que pasa en el mundo. Otra cosa es cuando las arriendan; en este caso no se diferencian de los propietarios sueltos.

De todo esto resulta qué el gran mal no está en que las llamadas manos muertas posean bienes raices, sino en que se les prohiba enagenarlos; y que si fuera posible conciliar su libre circulacion con la naturaleza del servicio á que estan destinados estos bienes, no habria inconveniente en que aquellas comprasen ó adquiriesen por donacion bienes raices de cualquier especie que fuesen. Pero como por otra parte si se les dejase la libertad de disponer de ellos sin reemplazarlos con otros equivalentes, es casi seguro que en cada generacion las personas que actualmente los disfrutasen los venderian para repartirse entre sí y gastarse alegremente su importe, se hace preciso en muchos casos quitarles la libertad de venderlos sin permiso del magistrado á quien toque, y añadirles la obligacion de substituir otros de equivalente valor. Y en efecto asi está determinado por nuestras leyes respecto de los bienes amayorazgados, los de capellanías y memorias, y los que estan destinados á dotar los establecimientos de instruccion y beneficencia, como universidades, colegios, seminarios, hospitales, casas de expósitos etc. No sucede lo mismo con los de las comunidades religiosas y los cabildos eclesiásticos. Estas corporaciones han podido siempre y pueden disponer de sus fincas, si no son de memorias, como mejor les parezca, y gastar su importe en lo que mas les acomode; y no es cosa inaudita que tales monjas ó tales frayles vendan esta ó aquella finca para con su valor reparar otra, ó subvenir á mas urgentes necesidades. Asi, las que se hallan en este caso ni estan verdadera, rigurosa y completamente amortizadas; ni el que pertenezcan á manos muertas produce tanto mal como se supone: y sin embargo contra esta especie de amortizacion, que en realidad no lo es, y que de todos modos es la menos perjudicial, es contra la que mas declaman los que todo lo confunden por ignorancia ó malicia. No obstante, como las comunidades y corporaciones son personas morales que nunca mueren, y por esta razon estan menos expuestas á las vicisitudes de la fortuna que las familias y los individuos naturales;

es innegable que venden mas raramente sus fincas, y que éstas si no estan rigurosamente amortizadas permanecen en cierto estancamiento que algun tanto perjudica á la circulacion general, porque la entorpece y disminuye, y de esto resulta siempre daño á la sociedad civil.

¿Qué reglas deberán pues deducirse de estos principios para el caso de que el Gobierno quiera y pueda acabar con todo género de amortizacion, asi civil como eclesiástica, asi completa como incompleta? Varias, pero muy sencillas. Ante todas cosas se debe prohibir la nueva amortizacion rigurosamente tal, á saber, la fundacion de nuevas vinculaciones, capellanías, memorias y fundaciones piadosas consistentes y dotadas en bienes raices; pero se puede permitir á todo particular que no tenga herederos forzosos que haga donaciones ó deje legados á establecimientos de beneficencia, como hospitales, hospicios, inclusas, y aun á otras cualesquiera manos muertas, siempre que consistan en dinero, ó aun consistiendo en fincas, siempre que previamente se reduzcan á metálico, y este se imponga en fondos que presenten bastante seguridad: y luego respecto de las fincas que hoy esten completa ó incompletamente amortizadas, hay que proceder de muy distinta manera segun su naturaleza, origen y destino. 1.º Las de capellanías colativas podrá venderlas el Gobierno á la muerte de los poseedores actuales, suponiendo que haya obtenido la competente bula del Papa para la supresion de semejantes capellanías. 2.º Las de las llamadas de sangre, aun suprimiéndolas, no puede el Gobierno apropiárselas sino en el caso de que se haya extinguido totalmente la familia del fundador: si esta subsiste, lo único que se puede mandar es que á la muerte del poseedor actual pasen libres y láicos los bienes al pariente mas inmediato. 3.º En cuanto á los bienes de encomiendas vacántes y fundaciones de todas clases, cuyo patronato toque al Gobierno, puede este irlos vendiendo lentamente, asegurando el competente interes á las personas morales que antes poseyeron las fincas; en caso de que no se tenga por conveniente suprimir las Ordenes y corporaciones que deberian percibirle. 4.° En las fundaciones de patronato particular que no se supriman, el Gobierno debe limitarse por su parte á invitar á los patronos y administradores á convertir en metálico los bienes y á imponer su importe en alguna caja ó casa en que se asegure el justo interes, que deberá emplearse religiosamente en los fines de la fundacion: si no lo hacen, podrá llegar hasta mandarlo. 5.° En las que deban suprimirse, aun ocupados los bienes y vendidos ó administrados por cuenta del Gobierno, es de justicia continuar pagando aquellas pensiones ó cargas vitalicias que tuvieren contra sí. 6.° En orden á las fincas de cabildos y comunidades religiosas, si con la competente autorizacion canónica se suprimiesen, podrá el Gobierno apoderarse de ellas, pero asegurando y pagando á los individuos de los cabildos ó colegiatas la misma renta, que tenian mientras formaron corporacion; y á los religiosos una pension suficiente para subvenir á todas las necesidades de que antes cuidaba su comunidad. 7.ª Si estas y los cabildos se conservan, lo mas que puede hacer el Gobierno es mandarles, si han despreciado la simple invitacion, que dentro de un plazo, que no deberá bajar de veinte y cinco años, vendan sucesivamente sus fincas, dejándoles la libertad de gastar su importe ó de imponerle donde mejor les parezca. Se deja entender que en el número de las fincas vendibles no se incluyen las iglesias, monasterios, palacios episcopales, seminarios, colegios, casas rectorales y otros edificios necesarios á las mismas corporaciones que se conservan. 8.ª Sobre los mayorazgos actuales consistentes en fincas, hay tres caminos que seguir; pueden conservarse todos por ahora, suprimirse todos desde luego, ó conservarse algunos por cierto tiempo y suprimirse los demas. Si se conservan todos, se puede mandar que á la muerte del poseedor actual se vendan la fincas, y con su importe se constituya de nuevo mayorazgo, con un capital metálico impuesto á ganancias, en cabeza del inmediato sucesor, del cual pasará en adelante según el órden de llamamientos establecido por el primer fundador: con el tiempo ellos se irán acabando. Si se suprimen todos, se debe mandar únicamente que á la muerte de los poseedores actuales pasen ya libres los bienes al inmediato, quien de consiguiente dispondrá de ellos como guste. Si se conservan algunos, es menester primero fijar sus respectivas cuotas, porque no deberían ser iguales, y mandar luego que al pasar á los inmediatos se venda la porcion de bienes necesaria para formar el capital que impuesto haya de producir aquella renta, y en los restantes basta con dejarlos libres en manos del sucesor. Si sería conveniente conservar los mayorazgos todos por algun tiempo, suprimirlos todos desde luego, ó dejar algunos, y con qué dotaciones respectivas; estas son cuestiones que fácilmente pueden resolverse por lo que á su tiempo diré. Aqui lo único que puedo anticipar es que en suposicion de que haya en un Estado alta nobleza hereditaria y titulada, es consiguiente que los titulares tengan asegurada su existencia por medio de rigurosa vinculacion; y que en este caso ya no convendria mandar que el capital que haya de permanecer vinculado se convierta previamente en metálico y se imponga en alguna caja pública ó compañía de comercio: la razon se verá luego.

Acerca de estas cajas en que haya de imponerse el dinero que produzca la venta de los bienes de manos muertas, se puede hacer una cuestion curiosa é interesante, que no he visto ventilada en libro alguno de los que conozco. Es la siguiente: ¿Se podrá permitir á los individuos y cuerpos á quienes se manda reducir sus fincas á metálico que impongan este en fondos ó Bancos extrangeros, ó se les deberá obligar á ponerle precisamente en el erario público, ó á lo menos en alguna caja ó compañía nacional? Para responder con acierto, es necesario hacer varias observaciones importantes y delicadas. 1.ª Es un error muy capital y muy funesto el de mirar como ventajosa á las naciones la operacion de que el erario público reciba cantidades ya reembolsables, ya á fondo perdido, con la obligacion de pagar un interes anual por limitado que sea. Si el erario fuera una casa de comercio que negociase con los capitales recibidos, no solo no habria inconveniente en que recibiese cuantos se le confiasen, sino que este seria un medio de enriquecerse sin gravámen de los pueblos. No tiene duda. El erario en este caso ganaria en las negociaciones ocho, diez, doce ó mas por ciento, y como no pagaria mas que tres, cuatro, cinco, ó á lo sumo sumo seis, le quedaria un beneficio considerable. Mas no siendo los erarios establecimientos de comercio, ¿qué debe suceder cuando toman dinero á intereses? Que consumen inmediatamente los capitales recibidos, y se quedan con la carga de pagar los réditos; y por consiguiente que si continuasen recibiendo llegaria un dia en que los intereses que tendrian que pagar compondrian una suma tan crecida que seria imposible satisfacerlos; y los particulares y establecimientos que debian percibirlos, pereceríán los unos y se arruinarian los otros. No tendria pues cuenta mandar que el producto de las fincas de manos muertas se impusiese precisamente sobre el erario. 2.ª Si al tiempo de enagenarse las fincas antes amortizadas hubiera en la nacion Bancos, compañías ó casas bastante sólidas y seguras, no hay duda en que los capitales que se les confiasen aumentarian la riqueza pública con su misma circulacion en lo interior del pais, si, como supongo, se empleaban en ventajosas negociaciones: pero como no siempre hay semejantes establecimientos, y por otra parte seria injusto y cruel obligar á las manos muertas á que pusiesen en manos poco seguras unos capitales de los cuales va á depender en adelante la suerte de los individuos y establecimientos que han de subsistir con sus réditos, no veo inconveniente ni perjuicio alguno en que, dado semejante caso, se permita á los interesados poner su dinero en Bancos ó fondos extrangeros....

¿Cómo? clamará tal vez algun aprendiz de economía, ¡ sacar del reyno tan crecidas sumas, empobrecer el pais, y enriquecer á los extrangeros con nuestra propia sustancia! — Tenga usted paciencia, y verá como quien va á enriquecerse á costa del pais que recibe las cantidades extraidas, es cabalmente el que permite extraerlas. Supongamos que de un golpe, cosa imposible, se venden en España todas las fincas amortizadas, que importan diez mil millones de reales, y que recogida, y reunida esta enorme suma, cosa todavía mas imposible, porque no la hay, se traslada en cuerpo y alma á los Bancos de Londres, Paris, Amsterdan y Filadelfia. Supongamos que estos Bancos tienen bastante solidez para contar con que á lo menos en cien años no harán bancarrota, que en efecto no la hacen, y que pagan puntualmente por la suma recibida un interes anual de cinco por ciento, ¿qué resultará para España? Que en los primeros veinte años recobrará su capital, y en los ochenta siguientes sacará de países extrangeros la inmensa cantidad de cuarenta mil millones de reales. Y con los quinientos millones que recibirá anualmente, ¿cuánto pueden fomentarse, y se fomentáran sin duda, su agricultura, sus fábricas y comercio? Mas acaso que si al principio se hubieran quedado en el reyno los diez mil millones de las ventas. No hay duda. A no tener la nacion constantemente en su favor la balanza del comercio durante los cien años, una gran parte de aquel capital hubiera ido pasando insensiblemente á paises extrangeros; y en la otra suposicion, hubiera vuelto á ella quintuplicado, y siempre se hubieran hecho productivos grandes capitales, que de otro modo habrian estado ociosos. Materia es esta que pudiera dar lugar á una larga disertacion, que vendrá mejor en otra parte: aqui basten estas breves observaciones.

Hasta ahora he supuesto que el Gobierno quiere, puede y debe destruir enteramente la amortizacion eclesiástica y civil; y no se dirá que he omitido ninguno de los argumentos que se hacen contra ella, ni he callado ó combatido los arbitrios y medios que pudieran emplearse para conseguirlo: veamos ahora si el Gobierno debe quererlo, y si estas providencias tendrian ó no desagradables resultados. Para proceder con claridad en esta importante cuestion, fijémosla con toda precision y exactitud; es decir, hagamos lo contrario de lo que hacen los sofistas y demagogos, que no buscando la verdad la confunden siempre á sabiendas con el error, y solo tratan de irritar las pasiones del populacho con vagas declamaciones.

En primer lugar queda probado, y es innegable, que la verdadera y completa amortizacion de las fincas causa cierto perjuicio ó produce una cantidad de mal que será tanto mayor, cuanto mayor sea el número y valor de las fincas amortizadas; y que la amortizacion incompleta, ó la especie de estancamiento que tienen en poder de propietarios colectivos aun las que pueden venderse libremente, causa tambien algun perjuicio aunque no tan grave. De aqui se infiere que si se pueden evitar ambos perjuicios sin que resulten otros mayores, no hay duda en que los Gobiernos deberian acabar con todo género de amortizaciones: ni tampoco la hay en que si ahora hubieran de formarse de nuevo las naciones, deberian tomar todas las precauciones imaginables para que siempre estuviesen en libre circulacion todos los bienes muebles y raices que compusiesen sus respectivos capitales. Ya dejo dicho que esta libertad es uno de los primeros elementos de que se compone la felicidad de los pueblos. Pero no estamos en este caso, ni la dificultad está en resolver en abstracto la cuestion teórica de si la amortizacion es ó no perjudicial, y si seria mejor que no la hubiese. La cuestion del dia es práctica, y se reduce á la siguiente. Suponiendo que, sea por ignorancia é imprevision de las generaciones pasadas, sea por el efecto inevitable de las conquistas, sea por otra cualquier causa que acomode señalar, ó por la reunion de muchas, que es lo cierto, existe de hecho amortizada en España, mas ó menos completamente, una gran cantidad de bienes raices; se pregunta: 1.º ¿Convendrá destruir totalmente y de un golpe la amortizacion existente? O lo que es lo mismo, el bien que resultaria de esta providencia, ¿no seria en parte destruido por los perjuicios que ocasionase? 2.º Suponiendo que la desamortizacion no pueda ser completa, ¿á qué términos prudentes puede circunscribirse para que el daño que ocasione la parte que se conserve sea poco sensible, y esté compensado con las ventajas que proporcione? Hé aqui cómo se fijan y determinan las cuestiones cuando se camina de buena fe y se desea encontrar la mas acertada solucion.

Para resolver la primera es necesario que antes se responda categóricamente á estas otras tres: 1.ª ¿Se debe conservar en España una alta nobleza hereditaria? 2.ª Los diezmos y los réditos que diesen los capitales producidos por la venta de las fincas de manos muertas, ¿cubririan la enorme suma que se necesita para dotar todos los establecimientos eclesiásticos y los de beneficencia é instruccion, esto es, para mantener todo el clero secular y las comunidades de ambos sexos, pagar con puntualidad los gastos materiales de fábrica, y sostener en buen pie los hospitales, hospicios, casas de expósitos y correccion, universidades, seminarios, colegios y demas establecimientos nacionales que se conceptúen indispensables para el mejor servicio del público en todos estos ramos tan interesantes? 3.ª Suponiendo que no la cubriesen, ¿está la nacion en estado, ni lo estará en muchos años, de sufrir el recargo que habria que hacer en las contribuciones generales para llenar este déficit?

En cuanto á la 1.ª, prescindiendo de si la alta nobleza rica por vinculaciones es ó no útil para la conservacion del trono, cuestion teórica sobre la cual he indicado ya mi opinion que ilustraré en otra parte; lo que realmente debe examinarse en la práctica es si conviene destruir ahora mismo la alta nobleza ya existente. Y ya se ve que con solo proponer el problema en estos términos, queda resuelto por sí mismo. En efecto; ¿quién seria el necio que aconsejase al Rey abolir la Grandeza? Y cuando alguno se lo aconsejase, ¿cómo el Rey adoptaria un consejo tan absurdo? Y aunque no lo fuese en sí mismo, ¿cómo podria ejecutarse sin graves inconvenientes? No hay nadie que no los palpe, y es inútil que yo me detenga á enumerarlos. Supuesto pues que se ha de conservar la alta nobleza, y que esta para perpetuarse necesita de rentas fijas, permanentes, y tales que aun cuando por las vicisitudes de los tiempos puedan tal vez menoscabarse, no desaparezcan del todo; se pregunta de nuevo: ¿Y se conseguirá esto, si reducidas las fincas á dinero se pone á interes en cualquier caja que sea? ¿Hay alguna en el mundo de la cual pueda responderse que nunca suspenderá sus pagos? Las que parecen mas seguras, como los Bancos de Lóndres y Paris y las inscripciones de Francia, ¿no pueden faltar mañana por una revolucion? ¿Y no son estas temibles? ¡Ojalá estuviesemos ya seguros de que no volverán á repetirse! Pero ¿quién se atreverá ni aun á esperarlo con racional fundamento? No hablo de nuestros establecimientos arruinados, como Banco, Gremios y Filipinas, ni de nuestro Erario y Crédito público, porque el mal estado de ambos no permite confiar en sus promesas, aunque á ellas presida la mejor fe del mundo y el deseo mas sincero de cumplirlas. Quede pues establecido como principio inconcuso que si ha de haber alta nobleza amayorazgada, y si ha de conservar sus rentas, no pueden estas constituirse en capitales metálicos dados á rédito. ¿Sobre qué se fundarán pues? Sobre fincas amortizadas: no hay otro medio de asegurarlas.

Sobre la 2.ª, sin entrar aquí en cálculos prolijos y complicados. 11.º Es de toda notoriedad que si se quitan sus fincas al clero secular y regular, á las fábricas, y á todos los establecimientos públicos de beneficencia é instruccion, y se les quiere dotar con solo el producto de los diezmos, no alcanzarán estos ni aun para la mitad de los gastos. Hágase subir cuanto se quiera el valor de las rentas decimales, y nada tome de ellas el erario público; pero sepárese, como es preciso, la cuota de los particulares legos, porque á no ser por manifiesto robo no se les puede quitar, y se verá que no llegan aquellas á doscientos millones de reales. Pero el solo clero secular, aun reducido su número y disminuidas cuanto es posible las asignaciones de sus individuos, dos operaciones que no pueden tampoco hacerse sino muy despacio y en cosa de medio siglo, debe costar ciento y ochenta millones. Quedarian pues solo veinte para todas las demas atenciones á que en el supuesto se destinarian los diezmos, que es lo mismo que dejar indotados todos los establecimientos útiles y una gran parte de las comunidades regulares de ambos sexos. 2.° Aun añadiendo á los diezmos los réditos del capital producido por la venta de las fincas pertenecientes á los mismos establecimientos, y á las iglesias y comunidades, todavía no quedarian suficientemente dotadas. Esta es otra verdad innegable; lo uno porque este capital tardaria muchos años en juntarse si habian de venderse á metálico, y lo otro porque su interes nunca podria ser tan grande como el que dejaban las fincas. Este es un hecho que se ha palpado ya. Hay un hospital ó una comunidad de frayles que se sostiene con haciendas propias; quitensele, y désele el tres ó el cuatro por ciento del capital que produjeron en venta, y ya no alcanza para su manutencion; porque administradas por ellos mismos rinden ciertas utilidades que luego faltan, y de consiguiente producen mayor interes neto, que dado á rédito el capital equivalente. Una pequeña huerta de frayles cultivada por un lego les surte de verduras todo el año: véndase, y el rédito de su importe no alcanzará para la provision de un solo mes. A estos pormenores hay que descender cuando se quiere acertar en estas materias. 3.° Hasta aqui se supone que se pagan estos réditos; pero ¿y si dejan de pagarse? Se arruinaron los establecimientos, y perecieron los individuos que con ellos debian mantenerse. ¿Y no sucederá asi? Demasiado cierto es que al cabo sucederá. Quede pues establecido en principio que si ha de haber clero secular, órdenes religiosas y establecimientos de pública utilidad, no se puede fiar su manutencion á la precaria é incierta duracion de los réditos, aun auxiliados estos de los diezmos. ¿Qué seria pues si por previa providencia se aboliese la contribucion decimal, como en realidad hicieron las benditas Córtes, aunque *in nomine* conservaron el medio diezmo?

En orden á la 3.ª nada hay que decir. Demasiado público es que el estado de la Real Hacienda, y mas todavía el estado de la Nacion, no permiten sobrecargar las contribuciones generales con la cantidad que seria necesaria para suplir lo que faltase en la dotacion del clero, culto y establecimientos públicos de todas clases, supuesto que los diezmos, aun auxiliados con los réditos de los capitales impuestos, no pudiesen cubrir el gasto que ocasionarian aquellas urgentes necesidades. 1.° Si los capitales se habian puesto en las cajas del erario, cualquiera que fuese el nombre que se las diese, harto haria aquel en pagar con puntualidad el interes, sin que ademas tuviese que cubrir el *déficit* á que este no alcanzase aun añadida una parte de los diezmos. 2.° Si los capitales se habian confiado á otras manos y estas pagaban el rédito, la dificultad no seria ya tan grande; pero siempre seria un gravámen insoportable, el de tener que cubrir con las contribuciones comunes no solo los gastos generales de la Nacion, sino los particulares de los establecimientos locales. Supóngase que para aquellos basta la suma de seiscientos millones de reales, y que para auxiliar á estos últimos hubiese que destinar otros ciento, que á mucho mas ascenderia la cuota, ¿no seria infinitamente mas útil emplear esta última partida en objetos de utilidad mas general, como seria la construccion de caminos, canales, puertos, arsenales, plazas, buques de guerra etc. etc.? Un hospital, un hospicio, un seminario, son objetos útiles sin duda como lo son los arsenales; pero en ambas clases hay que distinguir dos especies de utilidad, la comun, y la particular ó local del pueblo y provincia en que se hallan; y la diferencia está luego en que en las obras públicas es mayor la utilidad general, y en los establecimientos particulares es mayor la local. Asi una carretera, un canal, aunque no atraviesen todo el reyno, una plaza fronteriza y un departamento de marina, proporcionan cierta utilidad local á las provincias por donde pasan ó en que se hallan situados; pero esta apenas es atendible, ni entra casi por nada cuando se calculan sus ventajas: lo que se busca y á lo que se atiende es la prosperidad general. En los hospitales, hospicios, inclusas etc. es al contrario: lo que directamente se procura es el bien de aquel pais, y solo indirectamente se cuenta con la utilidad general, á que ciertamente contribuyen. Por eso en todos los paises bien gobernados, los gastos que ocasionan estos objetos se reputan municipales, y se pagan de los fondos que se conocen con este título; pero los que ocasionan los primeros se consideran como nacionales, y se cubren con las contribuciones comunes.

Resulta pues de todo lo dicho: 1.º que debiendo haber alta nobleza amayorazgada, es indispensable que sus mayorazgos consistan en bienes raices, si se quiere que sus rentas sean permanentes y siempre bastantes para que se mantenga con decoro aquella clase privilegiada: 2.º que no alcanzando los diezmos y los réditos que pudieran dar los capitales producidos por la venta de las fincas para dotar todos los establecimientos de religion, beneficencia y educacion, y no estando el erario en estado de suplir el *déficit*; es igualmente necesario, á lo menos por ahora, que los establecimientos públicos conserven las fincas, en cuyos rendimientos consiste la mayor parte de sus rentas. Esto quiere decir en sustancia que por ahora, y en algunos años no seria ni prudente, ni político, ni útil destruir totalmente y de una vez la amortizacion civil y eclesiástica, obligando á las manos muertas á convertir sus fincas en dinero. Quitarselas el Gobierno sin competente y rigurosa indemnizacion, seria ademas injusto, seria un verdadero robo. La razon de por qué no seria útil, prudente ni político adoptar una resolucion tan funesta, es la que ya queda largamente demostrada; á saber: la de que mandar reducir á dinero las fincas de la Grandeza, iglesias, conventos y establecimientos piadosos y literarios, seria lo mismo que destruir, no indirecta sino muy directamente, los mayorazgos de que dependen los Grandes, y dejar desatendidos é indotados objetos tan importantes como son el clero, el culto, la beneficencia y la instruccion. Es evidente: trocadas por dinero las fincas y dado este á interes, no pasaria una generacion sin que el rédito ó no se pagase del todo, ó fuese ya muy limitado por sucesivas diminuciones. Ademas queda probado que aun satisfecho religiosamente no alcanzaria para cubrir todas las atenciones á que se le destinaba. Este es pues el grande é insuperable inconveniente que ofrece la operacion tan temerariamente emprendida de acabar de un golpe con toda amortizacion. Y como aun concediendo gratuitamente que la enagenacion de los bienes raices pudiera realizarse útilmente, cosa mucho mas dificil de lo que creen los proyectistas, porque seria materialmente imposible vender á metálico tantas fincas, y si se vendian á papel era como darlas de valde, era quedarse sin la alhaja y sin el precio; y como el daño que en este caso resultaria seria mucho mayor, mas grave y trascendental que el que puede haber en dejar subsistir por ahora la amortizacion civil y eclesiástica, siempre que se la reduzca á los límites precisos, es evidente que este último partido es el que debe tomarse.

¿Y cuáles son estos límites? No es posible fijarlos aqui con toda la exactitud que requiere un asunto de tanta gravedad, y que el Gobierno debe examinar y decidir con la mas detenida escrupulosidad y la mas delicada atencion para conciliar los derechos de los poseedores actuales con el interes general. Asi pues, me limitaré á ciertas indicaciones generales.

1.ª A las fincas de establecimientos públicos, á las de iglesias, monasterios y conventos no debe tocarse mientras existan los propietarios colectivos, cuerpos, corporaciones y personas morales que las poseen. Si por las vicisitudes del tiempo ó por reformas hechas con la autoridad competente, y con la prudencia y oportunidad que de justicia reclaman semejantes providencias, llegare á faltar alguno de los poseedores actuales, en este caso el Fisco le sucede por derecho de mostrencos en aquellos bienes que por condicion expresa de la donacion no deban volver á alguna familia particular, suponiendo que esta exista.

2.ª Con las fincas de memorias, capellanías colativas y beneficios patrimoniales, debe procederse lo mismo. Obtenida la autorizacion del Papa para conmutar y trasladar las cargas de las primeras, y para abolir las segundas y los terceros á la muerte de los poseedores actuales, el Fisco dispondria de sus bienes conforme fueran quedando libres, salvo el derecho de las familias que le tuvieran para reclamarlos.

3.ª Respecto de los afectos á capellanías de sangre, obtenida la Bula para su extincion al fallecimiento de los capellanes, el Gobierno nada mas tiene que hacer; porque verificada la vacante las fincas vuelven á la familia del fundador en clase de libres y láicas. Solo en el dificil caso de que ya no haya parientes seguirian la suerte de los mostrencos. Supongo dificil este caso, porque en el hecho de que todavía se está observando el orden de llamamientos es claro que la familia subsiste.

4.ª Cuando la Nacion haya llegado á tal punto de prosperidad y riqueza que pueda dotar en dinero asegurado en contribuciones y arbitrios indefectibles al clero, al culto y á los establecimientos públicos de todas clases, es cuando pudiera mandar que sus fincas se enagenasen paulatina y gradualmente, y entregar su importe en tesorería como parte del capital correspondiente á la asignacion pecuniaria que á cada uno se le tuviere ya hecha y asegurada con aquel grado de probabilidad y por todo aquel tiempo á que puede extenderse la prevision humana.

5.ª Los mayorazgos destinados á dotar la Grandeza deben siempre consistir en bienes raices; pero para que esta amortizacion no sea sensiblemente perjudicial por el número y gran valor de las fincas, pudiera reducirse progresivamente la nobleza titulada al número siguiente: cincuenta Grandes de primera clase con un millon de renta anual: ciento de segunda con medio millon de renta: trescientos simples títulos, su renta de ciento cincuenta á doscientos mil rs. : todas las fincas no necesarias para producir estas rentas, quedarian libres á la muerte de los actuales poseedores. Los otros mayorazgos todos sin excepcion serian abolidos de hecho al fallecimiento de los suyos; pero los bienes pasarian íntegros en calidad de libres al sucesor inmediato, el cual podria luego disponer de ellos como mejor le pareciese. Los títulos anejos á los bienes que se fuesen desamortizando por la destruccion de los mayorazgos, podrian conservarse como simple distincion honorífica en la persona del primer sucesor á quien pasasen; pero en él acabarian. Si el número de las casas tituladas que dejo indicado se fuese disminuyendo sucesivamente hasta extinguirse del todo por la incorporacion de unas en otras, cosa que no deberia impedirse, este seria el caso de abolir para siempre la nobleza hereditaria, y hacer esta distincion vitalicia como todas las demas. Tales deberian ser tambien los títulos que el Rey podria siempre conceder á las personas beneméritas. De todos modos estos títulos, aun haciéndose hereditarios, no darian derecho á fundar nuevos mayorazgos. Cuando dos ó mas vínculos de los que se conservasen llegáran á reunirse en una misma persona, solo subsistiria el mayor, y en caso de igualdad el primero que poseia; los otros serian destruidos, y de sus fincas podria disponer como libres.

Estas son en general las providencias que podrian tomarse para disminuir inmensamente la amortizacion, y al mismo tiempo conservar la Grandeza y asegurar la dotacion del clero, las fábricas de las iglesias, las comunidades, y los establecimientos útiles. Pero ya se deja conocer que estas generalidades estan sujetas en su ejecucion á mil y mil modificaciones, de cuya necesidad solo puede juzgar y decidir con acierto la sabiduría del Gobierno. En todo caso siempre es necesario proceder en estos tres supuestos: 1.º si ha de haber Grandeza amayorazgada, los mayorazgos han de consistir en fincas: 2.º mientras que por medio de contribuciones seguras y arbitrios indefectibles no se puedan obtener las grandes sumas que se necesitan para mantener el culto y dotar todos los establecimientos públicos, es necesario dejar á estos y á la iglesia los bienes raices que ahora tienen, para que con sus rendimientos cubran si no todos sus gastos, á lo menos una parte considerable, y sea muy pequeña la que el erario haya de suplir sacándola de las contribuciones generales: 3.º cualquiera reforma que se haga, cualquiera providencia que se tome para destruir ó aminorar la amortizacion existente, ha de ser sin perjuicio de los poseedores actuales. Este es el principio eterno de justicia que todos los reformadores modernos han desconocido; esta la regla infalible á que todos los legisladores deben atender si quieren que sus providencias sean bendecidas y no conciten contra ellos el odio de los particulares y de las naciones enteras. Y esta regla infalible, este gran principio de justicia ¿qué enseña? ¿qué dice? Que si alguna cosa hay en las sociedades civiles que pueda merecer con razon el título de sagrada, es la propiedad individual ó colectiva; y de consiguiente que los Gobiernos nunca tienen derecho ni autoridad legítima para despojar á nadie, sea individuo particular, sea corporacion ó establecimiento, de ninguna cosa, finca ó renta que se halle poseyendo de buena fe y bajo la salvaguardia y proteccion de la ley; sin darle prévia ó simultáneamente la competente y rigurosa indemnizacion: que si el bien público exige que se hagan ciertas reformas, las leyes que las decreten no pueden ni deben tener, como ninguna otra, efectos retroactivos que cedan en perjuicio de los antiguos poseedores, y sean estos los que fueren. Un ejemplo sencillo: Supongamos que la felicidad pública, el bien estar de la nacion exige que se supriman los beneficios simples, que se disminuya el número de capellanías colativas ó de sangre, que se extinga esta ó aquella comunidad religiosa: ¿qué pide la justicia? Que los beneficios y las capellanías se supriman á la muerte de los actuales beneficiados, y que la comunidad se extinga luego que hayan fallecido los individuos actuales, ó se hayan reducido á tan corto número que no formen corporacion. Y lo mas que pudiera hacerse si la extincion fuese urgente, seria unir aquella comunidad con otra, ó secularizar canónicamente á sus individuos; pero en ambos casos, conservándoles mientras vivan las mismas mismísimas rentas que poseian cuando formaban comunidad. Asi se conducen los Gobiernos justos que reforman pero no destruyen, y que proceden animados de zelo por el bien de los gobernados, y no por pasiones mezquinas y rencorosas, ó por principios de irreligion.

Examinemos ahora las operaciones bursales de los Gobiernos europeos en estos últimos siglos, destinadas á destruir la amortizacion, y veamos si han sido conformes á los principios de justicia que acabamos de establecer.

Los reformadores del siglo XVI, conocidos al pricipio con el título general de Protestantes, aunque despues se han dividido en innumerables sectas y comuniones, cada una de las cuales tiene su nombre particular, todos convinieron en el gran dogma político, origen de la rápida propagacion de su doctrina, de que los Gobiernos temporales podian apoderarse de los bienes eclesiásticos: y en efecto, en los paises que admitieron la reforma, todas las propiedades de las iglesias, conventos y fundaciones piadosas, fueron dilapidadas y repartidas entre los mismos raptores. De este hecho ha podido resultar indirectamente el bien de poner en libre circulacion las fincas amortizadas; pero si es cierta é inconcusa la regla de no hacer mal para que resulten bienes, *non sunt facienda mala ut eveniant bona*, no puede justificarse la expoliacion porque bajo cierto aspecto haya tenido ventajosas consecuencias. No es esto decir que aun en aquellos paises se haya de violar hoy el derecho de los poseedores actuales: nada de eso. Aqui, como en todos los demas negocios humanos, el tiempo sanciona lo que ejecutó la violencia. Que tal fuese en su generalidad la primera usurpacion, es innegable. Elevémonos á la mas alta region de la imparcialidad filosófica, y supongamos que la Providencia permitió que en aquellas naciones cesase de repente el catolicismo, y que todos sus habitantes cayesen en el error de la reforma, cosa que no sucedió de esta manera, siendo notorio que una gran parte de los individuos permanecieron fieles á la antigua creencia, y que han sido necesarios casi tres siglos de opresion, de vejaciones, y hasta de horrorosas crueldades para que la nueva religion haya llegado á ser verdaderamente nacional. ¿Cuál hubiera sido en aquel caso el derecho de los Gobiernos reformados? Es necesario distinguir. 1.° Respecto de las fundaciones piadosas ó literarias, como los templos materiales, hospitales, seminarios etc., pudieron ocupar sus bienes, continuando á los sirvientes y empleados perpétuos ó la pension que tenian, ú otra equivalente vitalicia para su manutencion; porque habiéndose consagrado á aquel ministerio en tiempo hábil, y bajo la proteccion de las leyes, habian adquirido incontestable derecho á que se les cumpliesen las condiciones con que se habian obligado á servir un destino en que cesaban sin culpa suya y contra su voluntad. 2.° Respecto de los eclesiásticos seculares, cuyo ministerio se abolia, y cuyas rentas se aniquilaban con la abolicion de los diezmos, exigia tambien la justicia que se les indemnizase proporcionalmente con pensiones ó con el usufructo vitalicio de los bienes ocupados. 3.° Respecto de las comunidades de regulares debió procederse del mismo modo. Puesto que bien ó mal se disolvian, claro es que aun apoderándose de sus bienes el Estado, no pudo defraudarles de la céngrua sustentacion que la comunidad les debia, y les hubiera suministrado en caso de haber continuado en la posesion de sus fincas. Y no se crea que estas son reglas de derecho imaginadas por algun frayle; estan reconocidas por los buenos jurisconsultos, y señaladamente por Bentham, á quien nadie acusará de *absolutista*. Yo quisiera que se meditasen bien, y sobre todo que se practicasen fielmente, las reglas que este liberalísimo escritor establece en materia de reformas. Para él y para todo hombre de buena fe es, como he dicho, un principio eterno de justicia que á nadie se le puede privar, á nombre del bien público y á pretexto de utilidad general, de lo que está legítimamente poseyendo, sin indemnizarle escrupulosamente y en igualdad de valores por el perjuicio que se le irroga en el nuevo orden de cosas. Aplíquese pues este principio á los paises protestantes, y dígase de buena fe si en ellos se indemnizó cumplidamente al clero secular y regular, y á los dependientes perpétuos de los establecimientos de todas clases por los bienes raices, rentas, sueldos, pensiones y emolumentos que perdian. ¡Y luego se clama contra las injusticias que se suponen cometidas por los Príncipes católicos! ¿Dónde ni cuándo se cometieron tantas y tan atroces, como en los paises ahora protestantes al tiempo de introducirse la reforma? Se dirá acaso que esta llevaba consigo el inestimable don de la libertad política; pero esto no es cierto, porque el Gobierno de casi todos ellos se quedó tan absoluto como era. Sea de esto lo que fuere, yo no hubiera citado este memorable ejemplo de latrocinio y expoliacion, si no fuera el modelo que se han propuesto y han imitado, donde han podido, los reformadores políticos abortados por la faccion jacobina. Veámoslo demostrativamente.

La Asamblea Constituyente de Francia hizo aun mas que los Príncipes protestantes. Estos al fin, destruyendo las instituciones católicas, solo fueron injustos con los individuos interesados en ellas, y la ocupacion de los bienes eclesiásticos era una consecuencia necesaria de su doctrina; sin embargo de que aun supuesta aquella, era de rigurosa justicia la competente indemnizacion á los anteriores dueños; pero los legisladores franceses fueron todavía mas injustos, pues conservando el catolicismo despojaron de cuanto tenian á los ministros del altar y á los templos materiales, bajo la engañosa promesa de una pension que no les ha sido pagada hasta el restablecimiento del orden. Concedamos que tuviesen razon para suprimir los conventos de ambos sexos y apoderarse de sus bienes; pero ¿con qué título se reduce á la mendicidad á tantos miles de individuos que bajo la mas solemne *garantía* habian adquirido el derecho á ser mantenidos durante su vida por las comunidades á que se habian asociado y reunido legalmente? Las religiosas sobre todo, ¿no habian entregado en sus dotes un capital con cuyos réditos debia subvenirse, á lo menos en parte, al gasto que ocasionasen? Y este capital ¿nó era una propiedad de sus respectivas familias? ¿Pues por qué no se les devuelve ya que se destruye la comunidad en que estaba depositado? ¡Y esto hacen los filósofos que tanto claman por justicia, y tanto encarecen de palabra el respeto debido á la propiedad! En cuanto á las iglesias mismas, á las fábricas y demas establecimientos públicos de beneficencia é instruccion, es todavía mas terrible é inexcusable la injusticia. Se dice que se conserva el culto católico, y se quitan á los templos los medios de costearle. ¿Y con qué derecho? Con el de la violencia y el poder. Admitamos enhorabuena que prohibida la amortizacion posterior se quisiese destruir la ya existente: ¿qué es lo único que permitia la rigurosa justicia? Mandar á las fábricas de las iglesias y demas establecimientos piadosos y literarios que tenian bienes raices, que los enagenasen dentro de cierto plazo, que como ya he dicho, debió ser considerable; y que imponiendo el producto en los fondos públicos, se empleasen sus intereses en los objetos que antes se costeaban con el producto de las fincas. Pero apoderarse de ellos y malvenderlos por asignados para que á poca ó ninguna costa se enriqueciesen los hijos predilectos de la famosa revolucion, esto ¿en qué jurisprudencia se encuentra justificado? Sin embargo, respecto de estas ventas repito lo explicado anteriormente. Supuesto que la posesion de los compradores ha prescrito, y que el Gobierno legítimo las ha reconocido y sancionado, indemnizando del modo posible á los antiguos poseedores que aun viven, ya no se puede incomodar á los actuales á pretexto de que la venta fue nula ó ilegítima en su origen. Aqui se confirma el gran principio de que el tiempo, y no las soberanías populares ni los contratos sociales, es el que todo lo subsana y legitíma. No hablemos de la abolicion de los mayorazgos: notorio es que todo el fruto que se sacó de esta grande operacion se ha reducido á que durante la misma generacion que los vió desamortizados, los ha visto restablecidos y centuplicado su número. Y esto sucederá siempre con toda reforma universal, repentina, violenta, prematura, y no preparada con maña, prudencia y habilidad. Ella se inutilizará por sí misma.

Vengamos ya á nosotros, fieles imitadores de las modas transpirenáycas, aunque á veces en caricatura, y empecemos por la venta de obras pias.

No negaré que esta operacion, como todas las que ponen en circulacion bienes raices amortizados, surtió ciertos efectos saludables; pero sin repetir lo de no hacer males para que resulten bienes, examinemos la operacion en sí misma. Supongamos que el aumento de la deuda nacional exigia imperiosamente que se reuniesen fondos para su extincion progresiva, y pago de intereses mientras no se acababa de extinguir, y que no se halló otro arbitrio sino el de reducir á dinero aquella clase de fincas: ¿cuál era el derecho del Gobierno? Mandar á los patronos, administradores y usufructuarios que enagenándolas sucesivamente impusiesen su producto en la caja de amortizacion, á la cual debieron asegurarse rentas ó arbitrios suficientes para pagar puntualmente los intereses correspondientes á los capitales recibidos. ¿Y se hizo asi? Bien pública es la triste y lamentable historia de la famosa Caja de amortizacion, y de la sima del Crédito público, su malaventurado sucesor. ¡Cuántos establecimientos útiles han desaparecido ó estan reducidos á la casi nulidad; cuántas familias de capellanes perecen en la miseria, y cuántas cargas, muchas de las cuales consistian en obras de muy acendrada beneficencia, han dejado de cumplirse porque, ocupadas las fincas que estaban gravadas con ellas, no se ha pagado despues el interes prometido! ¿Y qué fruto ha sacado el erario público de aquellas famosas ventas? Que el capital recibido sirvió para aumentar los desórdenes y los males, y la deuda ha quedado recargada con la enorme suma que importan los intereses: que estos no pueden pagarse: que el descrédito es consiguiente, y que por esta y otras operaciones de la rapacidad bursal, la bancarrota nacional es inevitable, digan cuanto quieran los proyectistas.

Y si de la Caja de amortizacion pasamos á la grande obra de las Córtes revolucionarias, ¿qué hallarémos en sus sapientísimos decretos? Ruina, desolacion é injusticia. No hablemos de la extincion de monacales y la ocupacion de sus bienes: ya queda indicado lo que en esta parte permitiria la justicia; pero ¿y las fincas de los cabildos, de las iglesias y de las cofradías que se conservaban? ¿Con qué título se apodera de ellas el Fisco sin dar ninguna indemnizacion á los propietarios, y sin prometerles siquiera el engañoso tanto por ciento, ni reconocer á lo menos un crédito igual al importe de los bienes, ofreciendo pagar á mejor fortuna? ¿Y la reduccion de los diezmos á la mitad? ¿con qué derecho se despoja á tantos partícipes de la mitad de su renta? Digo á la mitad, porque asi suena; pero ¿era en realidad esta la parte que les quedaba? Que respondan las catedrales, las colegiatas, los curatos y beneficios. ¿Qué nueva especie de justicia es la que se quiere introducir en el mundo? Concedamos cuanto suponen los nuevos reformadores, y veamos, aun concedido, si han observado en sus operaciones las reglas mas comunes de la justicia.—No deben quedar beneficios que no tengan aneja la cura de almas: sea esta el único título legítimo de ordenacion: suprímanse en consecuencia para en adelante las prestameras, los beneficios llamados simples, las prebendas y canongías de todas clases: no queden mas que párrocos y obispos.—Enhorabuena: no examinemos, porque no es esta la materia de este número, si el obispo debe tener á su lado un consejo de presbíteros ancianos y beneméritos; si estos, aunque no tengan aneja á su prebenda la cura de almas, podrian y deberian conservarse para la solemnidad del culto; si ademas de los párrocos y sus coadjutores debe haber otros eclesiásticos ocupados en utilísimos ministerios que no son precisamente curados, como los rectores y maestros de los seminarios conciliares, los capellanes del Príncipe y de los próceres, los ayos y maestros que los particulares ricos destinen á la educacion de sus hijos, los catedráticos de las universidades y estudios públicos, distintos de los seminarios, los directores de los colegios seglares de ambos sexos, y de ciertos establecimientos piadosos que á nadie pueden confiarse mejor que á eclesiásticos de conocida piedad y ardiente zelo; y demos por sentado que la reforma se hace con la generalidad que se pretende, y que destruido el clero regular debe quedar reducido el secular á obispos y párrocos con sus tenientes y sacristanes. ¿Cómo debió hacerse la reforma para no atropellar los derechos de los eclesiásticos actuales? En cuanto á los regulares quedaba hecha con solo prohibir la recepcion de novicios; el tiempo los acabaria, y entonces el erario podria disponer de sus bienes sin gravarse con el pago de las pensiones. En orden á los seculares, con solo ejecutarse la bula que ya existia para no proveer prebendas ni beneficios no curados, y con no dar los curatos sino á eclesiásticos que, supuesta la idoneidad, tuviesen ya otro beneficio, fuese colativo ó patrimonial, en pocos años se podia arreglar el clero bajo la nueva planta que se ideaba. ¿Y en cuanto á las rentas? La cosa mas sencilla del mundo. ¿Se queria suprimir los diezmos y dotar al clero en numerario tomado de las otras rentas del Estado? Pues hacerlo asi con los nuevos provistos, conservar su cuota en diezmos á los antiguos poseedores, y cuando estos hubiesen fallecido abolir entonces aquella contribucion. ¿Y se ha hecho asi? Que lo diga todo el clero, reducido á la casi mendicidad. ¿Y se queria que injusticias tan manifiestas se recibiesen con agrado, y aun con tierna gratitud, y que se predicase y bendijese la política expoliatriz de los nuevos legisladores? Escarmienten en ellos sus sucesores, y cuantos propongan reformas á los Gobiernos legítimos. Todas las que se hagan serán injustas, si ofenden y violan en lo mas mínimo el derecho de propiedad; y siendo injustas no pueden menos de hacer descontentos y quejosos; y habiendo en el Estado muchos que con razon puedan quejarse y murmurar del Gobierno, este al fin se desacredita, y al descrédito sigue mas tarde ó mas temprano la ruina.

Si de la amortizacion eclesiástica pasamos á la civil, es decir, á los mayorazgos, hallarémos el mismo espíritu asolador, que solo se propone destruir, pero no edificar para utilidad comun.—La mitad de todos los bienes vinculados quede desde ahora libre, y la otra mitad á la muerte de los poseedores actuales.—Hé aqui una ley clara, terminante y concisa, que pudiera compararse á la espada de Alejandro. No se trata en ella de desatar el dificil nudo, se corta de una vez. Ya se ve, no hay cosa mas expeditiva ni mas facil. Sin embargo, ¡cuántas observaciones pudieran hacerse sobre esta gran providencia, y á cuántas objeciones no daria lugar un exámen circunstanciado de esta importante *medida!* Ya que esto no sea posible ni necesario en este lugar, limitémonos á revelar el misterio jacobínico y la tendencia democrática que encierra esta tan famosa y alabada providencia. Dejo dicho, y lo probaré á su tiempo, que la nobleza hereditariamente rica, si bien no es necesaria en las monarquías absolutas, en las cuales todo el poder está depositado y concentrado en la sola mano del Príncipe, es un elemento indispensable en las monarquías constitucionales; es decir, en aquellas en que se quiere dividir y equilibrar este gran poder, estableciendo cuerpos intermedios y clases hereditariamente revestidas de cierta porcion de autoridad. Y en esta segunda parte convienen todos los publicistas modernos. Siendo pues el Gobierno prometido por la Constitucion de Cadiz una monarquía constitucional, era consecuencia forzosa que en ella hubiese Grandeza hereditariamente rica. Y en efecto, esta quedó reconocida y sancionada, al parecer, en aquel famoso Código, puesto que en él se destinaban cuatro plazas del Consejo de Estado á otros tantos Grandes que el Rey no podia menos de elegir en las ternas que le presentasen las Córtes. Muy bien; hasta aqui son consiguientes nuestros sabios legisladores: pero pasemos mas adelante, y respóndase á esta pregunta: si todos los mayorazgos se destruyen *totalmente* al fallecimiento de los actuales poseedores, y ni aun se toma la precaucion de mandar que desamortizados los bienes raices se constituyesen nuevas vinculaciones consistentes en capitales impuestos, ¿cómo se conservaria la Grandeza á la tercera ó cuarta generacion? ¿No dicen los publicistas, y lo reconoce todo el mundo, que la Grandeza hereditaria no puede conservarse sin vinculaciones anejas á los títulos? Y cuando los publicistas no lo dijesen, ¿no es evidente por sí mismo, que la nobleza sin bienes es el título mas vano y ridículo que puede haber en el mudo, y que si las rentas no se perpetúan y conservan, el título mismo desaparece con la pobreza? ¿Cuántos miserables y andrajosos pordioseros encontramos á cada paso que bien examinadas sus alcurnias pertenecerán acaso á familias muy ilustres y opulentas en otro tiempo? Y esas rancias familias, ¿por qué han llegado al estado de obscuridad en que los vemos? Porque no habiendo sido vinculadas sus haciendas, las han ido enagenando sus respectivos poseedores, y las vicisitudes humanas han traido á sus descendientes á punto de mendigar. ¿Qué debia pues resultar con nuestra Grandeza, destruidos los mayorazgos? Que á la primera generacion los bienes de un Medinaceli se repartirian ya libres entre sus cinco ó seis herederos; que estos venderian ó disiparian una gran parte, y el resto se subdividiria á su muerte en veinte y cinco ó treinta porciones; que á la tercera edad desaparecerian ya en imperceptibles cantidades; y que á la cuarta podria muy bien llevar el título de aquella casa tan ilustre un infeliz porquero, ó un miserable zurrador. ¿Y se le llamaria entonces para sentarse en el Consejo de Estado? Y lo que sucediese con la descendencia de Medinaceli, ¿no sucederia tambien con la de Infantado, Osuna, Alva, Miranda, Villafranca, Altamira y demas próceres actuales? ¿Quiénes serian pues los cuatro Grandes que por Constitucion debia haber en el Consejo del Rey? ¿No se ve en esta sola ley, aunque dirigida al parecer contra la amortizacion, que bajo el título de Monarquía constitucional lo que realmente se queria establecer era la pura, purísima democracia, y la igualdad republicana de los anglo-americanos? Si, pueblo español: este era el objeto verdadero de los constituyentes de Cadiz, esta la monarquía moderada que tan pomposamente se ofrecia, este el trono constitucional que se trataba de fundar sobre *bases indestructibles.* Por fortuna, para que tú no vivieses engañado, ellos mismos te revelaron el secreto en su famosa ley de mayorazgos. ¡Y ha habido Grandes de España que se han unido con los revolucionarios, con los enemigos mas encarnizados de la Grandeza y de toda distincion nobiliaria! ¡Y no conocieron, que los mismos que los halagaban iban preparando mañosamente el envilecimiento de sus hijos y la destruccion de su clase! ¡Y pueden cegarse los hombres hasta el punto de afilar ellos mismos el puñal que sus enemigos acaban de forjar para clavársele á ellos en el pecho!

Hé aqui todo lo que la mas despreocupada é imparcial política, y la mas sana y juiciosa filosofia pueden decir de útil sobre la cuestion batallona de la amortizacion de bienes raices, única que merece examinarse. La de los semovientes es impracticable; pues aun cuando se quisiera establecer, la muerte los desamortizaria muy en breve; y la de los muebles, á no ser piedras y metales preciosos, duraria tambien poco, porque el uso los destruye. He tratado el punto con tanta prolijidad, porque en él se confunden y embrollan maliciosamente cosas muy diversas y dignas de separarse; y porque la amortizacion existente es una de las grandes armas de que los jacobinos se valen para arruinar los Gobiernos y desacreditar las antiguas legislaciones. Sin embargo, ya se ha visto que el mal que haya en esta parte puede ser remediado facilmente por los Gobiernos mismos, sin necesidad de revoluciones democráticas, y de dar á los pueblos *nuevas instituciones, análogas á la ilustracion del siglo.* Ya van pasados algunos desde que nuestras antiguas Córtes *clamaron y clamaron* contra la amortizacion excesiva; y á consecuencia de sus quejas, leyes muy anteriores al moderno filosofismo habian ya provisto de remedio en mucha parte. Que se ejecuten pues, y poco habrá ya que hacer. Sin embargo, no quiero concluir esta materia sin hacer una observacion muy sencilla, y que por sí sola bastará para hacer callar á nuestros declamadores. Concédaseles cuanto digan sobre la amortizacion en general, pero respóndaseles que en ningun pais es menos urgente destruirla que en España. La razon es obvia, terminante y sin réplica. En España lo que falta no son tierras que vender, sino brazos que las cultiven y capitales metálicos que emplear en establecimientos rurales. Libres estan, y se dan de valde, y se convida con ellos, los terrenos comunes ó baldíos, y nadie acude á tomarlos. ¿Qué urgencia pues hay en sacar al mercado nuevas tierras? Ninguna por cierto. Siglos han de pasar antes que falten tierras libres y enagenables para que las compren los que tengan dinero, y quieran emplearle en esta especulacion. Asi, no acusemos á las manos muertas de que ellas son la causa única y principal de nuestro empobrecimiento: otras muchas hay que á su tiempo indicaré. El inmenso contrabando que siempre se ha hecho y sigue haciéndose todavía por todas nuestras fronteras secas y mojadas: hé aqui el cáncer que nos devora; hé aqui el gran mal que exige pronto remedio.

Numero 9.°

Seguridad.

Este es el mas importante de los derechos sociales; y en rigor á él solo pudieran reducirse todos los demas que se cuentan como distintos. En efecto, el llamado de libertad, y considérese esta bajo el aspecto que se quiera, ¿qué viene á ser sino la seguridad de poder hacer una cosa sin merecer la animadversion de la ley? El de propiedad, ¿es acaso mas que la seguridad legal de que nadie incomodará al propietario en el quieto y pacífico goce de sus bienes, y de que no se le privará sino de aquella porcion con que deba contribuir para los gastos comunes? La igualdad bien entendida ¿no es tambien la seguridad de que al individuo le serán guardados los fueros generales que le competen, sea por el concepto que fuere? Los privilegios mismos ¿á qué se reducen? A la seguridad de que en la persona ó corporacion privilegiada se respetará aquel fuero particular que justamente les fue otorgado en beneficio comun. Finalmente, los derechos intitulados de reunion y peticion, y el de resistencia bien entendido, ¿qué son cuando existen, sino ciertos medios de seguridad que la ley permite emplear para que los hombres eviten tales ó cuales vejaciones, de que pudieran ser objeto en el estado de sociedad?

Sin embargo, aunque la seguridad, tomada esta voz en su acepcion mas general, es en suma la proteccion que las leyes y los Gobiernos deben dar á las personas y bienes de los individuos que componen las sociedades civiles;

y aunque en este sentido encierra ella sola todos los derechos sociales, pues entre los bienes se cuentan las propiedades, la libertad de todas especies, los fueros generales y privados, y los medios de defensa contra las vejaciones injustas; no es aquella significacion genérica la que tiene la palabra *seguridad* cuando esta se considera como un derecho particular, sino que se toma en una significacion mas limitada y precisa. En este caso no se trata ya de que las leyes nos aseguren el goce de las diferentes libertades y diversos fueros que las mismas leyes nos hubieren concedido, y la tranquila posesion de los bienes llamados de fortuna; se trata de la proteccion especial que en el estado de sociedad debemos hallar contra cualquier mal y daño que pudieramos experimentar en nuestra propia persona.

Y como los males y daños para que puedan obrar sobre las personas han de ser materiales, fisicos, sensibles; y estos pueden provenir de la naturaleza, es decir, de todos los cuerpos inánimes y animados irracionales que nos rodean, ó sernos causados por otros hombres, ya sean simples particulares, ya personas públicas consideradas como tales; resulta que «el derecho llamado de seguridad es el que tiene todo hombre que reside en un pais, y sea su residencia habitual y permanente, ó accidental y transitoria, á que la ley, la fuerza pública y el Gobierno le preserven en cuanto es posible de toda molestia material, no necesaria ni merecida, en que peligre la vida, padezca la salud, ó á lo menos sea algun tanto incomodada la persona.» Limito el derecho de seguridad á la proteccion contra los males físicos y sensibles; porque sobre los espirituales la ley civil, la fuerza pública y el Gobierno solo pueden obrar indirectamente.

Y aunque el fin de toda humana sociedad es la felicidad temporal de los individuos que la componen, y esta consiste, no solo en evitar males, sino en gozar de placeres permitidos é inocentes, esta última condicion resulta de la primera; porque si en cada momento dado ejercitamos nuestra sensibilidad de una manera no dolorosa, serán gratas necesariamente las sensaciones que recibamos. Asi los hombres no suelen exigir de la sociedad sino que los libre de males; pues con tal de que asi lo haga, ellos sabrán buscar y proporcionarse los bienes. No es esto decir que los gobernantes no deban cuidar tambien de procurar á los gobernados honestas recreaciones, comodidades de todas clases, bienes positivos, y en suma cuanto puede contribuir al bien estar de los hombres, sino que esta parte no se refiere directamente á lo que se llama seguridad. El derecho que se conoce con este título se limita á reclamar la accion protectora que preserva de los males. Pero aun reducido á esta esfera, al parecer tan limitada, ya se deja conocer cuán importante y precioso don es para nosotros el de la seguridad personal, y cuán necesario será examinar y analizar escrupulosamente los arbitrios imaginados por los modernos legisladores y publicistas con el fin, segun dicen, de conseguir, si posible fuera, que la seguridad legal de las personas nunca sea atropellada ó menoscabada en un ápice. Estamos todos tan directa y personalmente interesados en que asi sea, que nada de cuanto en este punto se diga puede sernos indiferente. Nuestra felicidad depende de que se acierte con los medios, y de que no se nos den por realidades sueños y delirios, y por verdades errores. Si lo hacen ó no los escritores liberales, del exámen resultará. Por ahora establezcamos la cuestion. Es la siguiente:

¿Qué deberán hacer las leyes y los Gobiernos para libertar de toda incomodidad personal, no necesaria ni justa, á los particulares sometidos á su imperio?—Para resolverla con acierto y responder con la debida claridad, es necesario recordar la observacion ya indicada, á saber, que los males todos de que puede ser objeto nuestra persona, vienen ó de la naturaleza, ó de los hombres; y que estos pueden ser ó individuos particulares, ó personas revestidas de la pública autoridad; pues claro es que la accion protectora de la ley deberá ser muy distinta en estos tres casos diferentes. Examinémoslos pues con separacion.

§. 1.º

Proteccion contra los males que puede causarnos la naturaleza.

Puede que alguno al leer el argumento de este párrafo condene como inútil la discusion que promete, y se imagine que las leyes y los Gobiernos nada pueden hacer para preservarnos de los males con que la naturaleza nos acosa por todos lados; pero se desengañará prontamente si reflexiona que el primer beneficio que debemos á la sociedad es el de disminuir, ya que no pueda impedirlas totalmente, el gran número de incomodidades físicas de que seriamos objeto y víctima en el estado de selvatiquez y abandono que los filantrópicos soñadores ha llamado de pura naturaleza. En efecto, un alimento mas seguro, mas abundante y mas sano, un pellico con que abrigarnos, una humilde y rústica choza en que descansar á cubierto de la lluvia, arcos y flechas con que perseguir y matar las alimañas que pudieran devorarnos, el socorro de nuestros semejantes para preservarnos de no pocos peligros y males, y su asistencia y consuelo en las enfermedades que no lleguen á precaverse, son el primer fruto de la mas imperfecta sociedad. Y desde este punto hasta el alto grado de civilidad y cultura á que han llegado las naciones ilustradas, y en el cual tienen los hombres tantos medios de prevenir y evitar en parte las incomodidas físicas de todas clases, ¿qué es cada paso dado en la carrera de la civilizacion, mas que una cantidad substraida á la inmensa suma de los males que afligen y amenazan á la mísera humanidad abandonada á sí misma? Las ciencias, las artes, los oficios, todo cuanto han inventado los hombres, ¿á qué se dirige? ¿qué objeto tiene? ¿para qué sirve? Para hacer tan cómoda y deliciosa como pueda serlo nuestra corta peregrinacion en este mundo. Y para hacerla cómoda y deliciosa, ¿cuál será la primera condicion? La ausencia de los males y dolores. Y las leyes ¿no deberán ser las que dirijan la accion benéfica de las ciencias, artes y profesiones? Y los Gobiernos ¿para qué han sido instituidos sino para proteger las personas de los gobernados contra todo insulto que pudieran recibir de sus semejantes, para evitar y precaver los males físicos que pueden ser evitados y precavidos, y para disminuir y alejar los que del todo no se puedan remediar, y que tarde ó temprano estamos condenados á padecer? No hay ni puede haber en el mundo una legislacion y un Gobierno que hagan á los hombres inmortales, y que los preserven de toda enfermedad é indisposicion corporal; pero una sabia legislacion puede evitar los males no necesarios, y disminuir el número de los que, dada nuestra organizacion, no pueden evitarse enteramente. Este, como he dicho, es el primer beneficio que el hombre tiene derecho á espevar de la sociedad, y esta una de las primeras y mas importantes obligaciones de los Gobiernos. Asi, no es esta vaga generalidad la que me propongo demostrar, sino hacer algunas observaciones interesantes, y combatir cierto principio jacobínico, que entendido y ejecutado al pie de la letra reduciria las sociedades á un estado tal de inseguridad personal, que ciertamente valdria mas entonces irse á vivir en las selvas. Las observaciones son relativas á la importantísima ciencia llamada *Higiene pública ó Policía médica*, harto desconocida y descuidada entre nosotros; y el principio jacobínico es el de que las leyes y los Gobiernos deben dejar *entera y absolutamente libre* la accion del interes individual.

Desde que hubo sociedades, leyes y Gobiernos entre los hombres, hubo ya, y no pudo menos de haberla, una verdadera higiene pública, ó una especie de policía que considerada en toda su vasta extension se ha llamado con propiedad *urbana*; y que limitada á las precauciones legales contra todo lo que puede comprometer la vida y salud de los habitantes, se conoce hoy con el título de *Policía médica;* pero lo que en la infancia de las sociedades era una ciega rutina y una especie de empirismo tradicional ó enseñado por el instinto, ha llegado á ser en el dia verdadera ciencia, fundada en principios incontestables, y la mas importante quizá para la felicidad del género humano. Ya se deja entender que yo no iré á dar aqui un tratado completo de esta preciosa y utilísima enseñanza, ni podria hacerlo aunque quisiera, porque no tengo la instruccion que para ello se necesita; pero lo que puedo y debo hacer es manifestar su importancia, y llamar la atencion del Gobierno hácia un objeto que por desgracia se mira entre nosotros con alguna indiferencia, y aun puede decirse, con cierto desprecio altamente perjudicial.

La higiene pública, como su nombre lo indica, comprende todos los principios científicos en que deben fundarse las leyes y providencias que se dicten para conservar la salud de los habitantes de un pais. Y ya se puede conocer que asi como la higiene particular da reglas para que cada individuo evite cuanto es posible las enfermedades que la imprevision, el descuido y los abusos de todas clases podrian ocasionarle, y bajo este aspecto no hay una sola accion en la vida que no esté sujeta al imperio de estas reglas; de la misma manera la higiene pública es una coleccion de verdades científicas, que los Gobiernos deben consultar en todas las disposiciones que tomen para evitar y prevenir una multitud de incomodidades y males que su reunion misma pudiera ocasionar á los individuos, y de que estos no pueden libertarse por sus cuidados particulares: y harto claro es por sí mismo que no hay un solo objeto que mas ó menos no deba ser dirigido por estas leyes tutelares.

Considerémos cada poblacion desde que se funda hasta que se arruina y desaparece, y cada poblador suyo desde que nace hasta que muere, y verémos que nada puede hacerse en aquella, ni este vivir un solo instante, en que la accion benéfica del Gobierno no deba intervenir, aun atendido solamente el interes de la pública sanidad. ¿Se trata de fundar un nuevo pueblo? Pues no es indiferente que se coloque en alto ó en bajo, cerca ó lejos de un arroyo, en parage árido ó abundante de aguas etc. etc. ¿Se escogió ya el sitio? No lo es tampoco: que sus calles sean rectas ó tortuosas, anchas ó estrechas, y que se corten en escuadra ó en direcciones oblícuas; que las casas sean excesivamente bajas, ó altas en demasía; que las habitaciones sean ó no reducidas, que esten ó no ventiladas, que tengan ó no ventanas de un tamaño proporcionado, ó estrechas claraboyas á la morisca; y para resolver estas cuestiones es necesario atender á lo caloroso del clima, y á otras circunstancias locales. Las plazas y plazuelas, los jardines, las arboledas interiores y exteriores, los paseos públicos, las fuentes, los encañados que las surten, la materia misma de los edificios y el modo de construirlos para evitar ó hacer raros los incendios, los desmontes y cortas de las selvas vecinas si son demasiado espesas y extendidas, ó al contrario, el plantío y fomento de los bosques si ó no los hay, ó son pequeños; la desecacion de los pantanos, si los hubiere, y la limpieza de los cauces y orillas de los arroyos son objetos en que nada debe ser indiferente para un Gobierno que no sea de argelinos. Solo este último punto, mirado con mas atencion por nuestros Ayuntamientos, haria muy sanos á muchos pueblos periódicamente afligidos por el azote de las tercianas, y que no deben esta plaga sino á un arroyuelo que los atraviesa, y tiene las márgenes cuajadas de arbustos, cuya putrefaccion en el verano es la causa inmediata de las calenturas malignas que reynan durante aquella estacion; y podria ocasionar hasta la fiebre amarilla si juntamente con las materias vegetales se pudriesen tambien algunas sustancias animales. ¿Quién sabe si esta última circunstancia verificada en las costas fangosas de algunos puertos será la que regale anualmente á sus habitantes con el funesto presente de la fiebre, y no serán los barcos de América los que la traygan á Europa? De todos modos, ¿quién ignora cuánto mas vale prevenir los contagios y las pestes con oportunas providencias, que tener luego que oponerse á sus estragos, cuando por un descuido llegan á manifestarse en alguna poblacion? ¿Quién negará tampoco cuán necesario es para este objeto, y en general para mantener la sanidad en las grandes poblaciones, vigilar con el mayor cuidado sobre los alimentos que se venden á los sanos, y los remedios y drogas que se propinan á los enfermos? ¡Cuántas dolencias se evitarian si se cuidase como se debe de que las carnes, los pescados frescos, salados y en escabeche, los embutidos y pasteles, los vinos y licores, las bebidas heladas, el aceyte, la manteca, y en suma los alimentos de todas clases, estuviesen siempre en el estado de salubridad necesario para que no emponzoñen á los habitantes! ¡Y cuánto importa por la misma razon que en las boticas no se nos dé por quina corteza de pino pulverizada, y que todas las preparaciones químicas esten hechas con el esmero y cuidado que pide el arte! Prescindiendo de los comestibles, las bebidas y los medicamentos, ¿hay nada que pueda mirarse con indiferencia en las poblaciones en que viven reunidos los individuos de la especie humana? El barrido y regado de las calles, el alumbrado, el empedrado, la construccion y el buen estado de las cloacas, la formacion de estercoleros fuera de poblado, la conduccion á ellos de la basura de todas clases, los mataderos de las reses, la extension, capacidad y orden de los mercados públicos, la situacion de los hospitales, etc. etc. etc., ¡cuánta atencion y vigilancia exigen de parte de los Magistrados locales encargados de la policía! Y la Nacion donde esta se halla mas bien entendida y organizada, ¡cuánto deja todavía que desear! ¿Qué será pues entre nosotros, donde, á excepcion de la Corte y algunas capitales de provincia, en las cuales habria sin embargo mucho que mejorar y corregir en varios ramos, se halla casi descuidada y abandonada esta primera obligacion de todo Gobierno culto? Solo añadiré pues una observacion que comunmente no hacen los que tanto hablan de caminos, puentes y canales, y es que estos interesantísimos objetos lo son, no solamente mirados por el aspecto económico y mercantil, sino mas todavía con relacion á la vida y salud de los habitantes. Cada arroyuelo que seco y miserable en verano coge aguas en el invierno, tiene de costa mas vidas al cabo de un siglo que una batalla campal: cada mal paso de un camino ocasiona mas fracturas y contusiones que una paliza de montañeses; y por el contrario, la seguridad con que se viaja por los canales hace desear que en cada Nacion haya tantos como permitan el caudal y direccion de sus rios naturales.

En cuanto á los individuos que han de habitar en las poblaciones, con solo reflexionar que su vida y salud dependen del ayre que respiran, del ejercicio que hacen, de los alimentos con que reparan sus pérdidas, y de los remedios que han de curar sus enfermedades si por desgracia llegaron á contraerlas, dicho se está que no hay en su vida un solo instante en que el cuidado ó descuido del Gobierno sobre todo lo que puede tener relacion con sus personas no influya en bien ó en mal, y ó les evite ó les ocasione graves incomodidades y daños. Asi no es este el punto sobre el cual quiero yo llamar la atencion de mis lectores, sino sobre la solicitud que reclaman de parte de los Gobiernos las épocas principales de la vida, que son el nacimiento, la juventud, la vejez, la enfermedad y la muerte.

En orden á la primera, sin hablar de las casas de expósitos y de los establecimientos de maternidad para asistir á las parturientes pobres é impedir los infanticidios, ocultando las debilidades á que estan expuestas las solteras; quisiera yo que el Gobierno hiciese entender á los párrocos, porque muchos ni aun habrán pensado en ello, ni se les habrá ocurrido semejante idea; que el abuso de bautizar en el invierno á las criaturas con el agua casi helada de las pilas bautismales, tiene el gravísimo inconveniente de que á muchos niños la fuerte impresion del frio les ocasiona peligrosas fluxiones á los ojos, de que algunos quedan ciegos. He presenciado varias desgracias de esta clase, y en mí mismo tengo tambien la prueba de esta verdad. Y no puede menos de ser asi. Cuando al tierno infante que por espacio de nueve meses ha estado constantemente á la alta temperatura del seno materno, es decir, á 32 grados por lo menos, y á quien, conducido á la iglesia muy abrigado y envuelto, se le descubre de repente la cabeza, se le echa una gran concha de agua á la temperatura de hielo, es imposible que aquel sensible y delicado cerebro no contrayga una fuerte constipacion; y si esta hace tiro á los ojos, como sucede con frecuencia, y los asistentes y facultativos se descuidan, la inflamacion y la supuracion son consiguientes é inevitables. Seria pues conveniente prevenir á los párrocos que en la estacion rigurosa cuidasen de que el agua bautismal estuviese al temple de 18 ó 20 grados á lo menos, y que aun asi solo aplicasen sobre la frente una corta cantidad.

En cuanto á la juventud ó la edad de las pasiones, hay un punto de higiene pública que reclama toda la atencion del Gobierno, y es la sanidad de las mugeres prostituidas. Que en toda gran poblacion las ha de haber, es notorio: que no es indiferente que apesten á la incauta juventud, y señaladamente á la tropa, lo conoce todo el mundo; y que para evitarlo es necesario que la policía tome todas las precauciones imaginables, me parece que nadie lo negará. ¿Y qué arbitrio habrá para que las providencias y precauciones del Magistrado no se hagan ilusorias? Aqui se presenta una cuestion importantísima sobre la cual estoy tan seguro de la verdad de mi opinion, que no temeré aventurarla, aun con riesgo de incurrir en la censura y el odio de ciertos doctores nimiamente timoratos. La cuestion es esta: ¿Deben los Gobiernos permitir, autorizar y tener bajo una severa disciplina mancebías públicas, ó deben prohibirlas y perseguirlas? No ignoro lo que se ha dicho y puede todavía decirse contra los establecimientos de esta clase. Tampoco se me oculta que tienen ciertos inconvenientes inevitables: sé tambien lo que alegan sus defensores; y si hubiese de tratar la materia con toda la extension que permite, podria escribir un volúmen; pero para el objeto de este número basta hacer esta pregunta al moralista mas rígido: «En la innegable suposicion de que en las ciudades populosas ha de haber siempre cierto número de mugeres entregadas por oficio á la comun liviandad, ¿cuál será el mejor partido religiosa, moral, política y sanitariamente considerado? ¿que sean conocidas y señaladas, y esten bajo la inspeccion y vigilancia de los Magistrados, ó que mezcladas y confundidas con las matronas honestas ejerzan su infame tráfico sin sujecion á ningun reglamento, y puedan ocultar los daños y estragos que ocasionare su desaseo, sin peligro de ser reconvenidas ni castigadas? ¿Cuál será mejor bajo todos los aspectos imaginables? ¿que las mugeres públicas vaguen sueltas y libres por una inmensa ciudad, quiten la vida á una multitud de jóvenes inexpertos, inutilicen á otros muchos para el resto de la suya, y hagan enfermiza y cacoquímica una larga serie de generaciones, ó que acuarteladas, por decirlo asi, sujetas á regla y vigiladas en todos sus pasos por la policía, no puedan arruinar la salud de los incautos jóvenes que la humana fragilidad hace caer en sus engañosas redes? En suma, la cuestion es la siguiente: en suposicion de que haya prostitutas, ¿exigen la religion, la moral y la salud pública que ademas del daño espiritual causen tambien terribles males temporales? ó al contrario: ¿es del interes de la religion, de la moral y del Gobierno que solo causen el daño espiritual, ya que este sea inevitable? La ley divina, la que se llama natural, la civil, si es justa, ¿no mandan todas elegir entre dos males el menor? ¿no quieren que si no se puede evitar todo el daño, se impida á lo menos una parte? Pues este es el caso: sin lupanares reconocidos se peca, y ademas se corrompe la salud de innumerables individuos, corrupcion que se propaga y comunica á sus inocentes hijos: con burdeles reglamentados se ofende á Dios, pero se evitan los daños temporales que en la primera suposicion acompañan al pecado teológico. Diga ahora el mas tétrico moralista cuál de los dos males es menor, y cuál deberá por consiguiente preferirse en el caso de tener que optar entre los dos partidos propuestos.

Hay mas: es un hecho reconocido é incontestable, que siendo públicos los burdeles es menor la corrupcion de costumbres, por la innegable razon de que muchos á quienes no retraerian del libertinage los remordimientos de la conciencia, se contienen por vergüenza y pundonor. Cuando las rameras estan mezcladas con las mugeres honestas, y viven disemidadas por toda la poblacion, cualquiera puede acercarse á sus habitaciones sin temor de que se conozca el objeto que le conduce, porque en la misma casa moran familias honradas; pero ¿quién es el hombre de honor que pública y descaradamente entra en una casa de prostitucion reconocida por tal? Esta sola razon bastó en la antigüedad para que se permitiesen y autorizasen los burdeles; y aunque el interes de la sanidad pública no debiese por aquel tiempo entrar en cuenta, como generalmente se cree, ó fuese menos urgente que en el dia, la sola consideracion de que la honestidad de las matronas estaba mas defendida habiendo públicos lupanares, los estableció en toda la Grecia, y aun en Roma en los siglos mismos en que eran mas austeras y puras las costumbres de los romanos. El célebre dicho de Caton el Censor, referido por Horacio, prueba bastantemente cuáles eran los principios de política que en esta parte habian guiado al Gobierno de la república. Y no se crea que los burdeles desaparecieron con la introduccion del cristianismo. Sabido es que continuaron bajo los Emperadores cristianos; que se han tolerado y toleran autorizados en muchos reynos católicos; que los hay actualmente en Paris, Viena, Milan, Florencia, Nápoles, y hasta en la capital del Estado Pontificio; y sobre todo que los hubo en España hasta mediados del siglo XVII. Y bien, ¿no era España católica y muy católica en todos los siglos de la monarquía goda, y en los felices reynados de Carlos V y Felipe II? ¿No eran entonces graves y severas las costumbres de nuestros padres? ¿No existia en todo su vigor el tribunal del Santo Oficio? ¿Y se opuso este en todo el siglo XVI á que continuasen las mancebías? ¿Pensó acaso que la religion exigia que se suprimiesen? Y sobre todo, ¿ganaron algo las costumbres públicas con la supresion decretada en tiempos muy posteriores? ¿Ha sido desde entonces y es menor hoy la corrupcion porque, no habiendo meretrices matriculadas y reconocidas por tales, se puede perseguir arbitrariamente á toda la que no soborna al alguacil ó al alcalde de su barrio? ¿A qué se reducen en suma esta persecucion é intolerancia? A que dos ó tres entre cada mil son puestas en reclusion temporal, y perdidos sus pocos bienes se ven obligadas cuando salen á entregarse al libertinage con mayor desenfreno y abandono. Y el lenocinio ¿no existe? ¿se ha desterrado acaso del mundo porque se emplume cada treinta años á una de las miserables que se dedican á este vergonzoso comercio? Al contrario, lo que sucede con el lenocinio clandestino es que la actividad y zelo de las corredoras se ocupan en seducir á las hijas de familia y á las mugeres casadas; cuando si las Celestinas estuviesen sujetas á patente y fuesen conocidas del Magistrado, se limitarian á las solteras ya viciadas.

No es esto decir que, olvidada ya entre nosotros hasta la memoria de las antiguas mancebías, se hayan de restablecer de pronto, por ley, y solemnemente; esto seria escandaloso. Quiero decir que por ahora es urgente y urgentísimo, útil, aun religiosamente considerado, y necesario como artículo de higiene pública, que la policía en las grandes ciudades tenga secretamente matrícula formal de las rameras que en ellas haya, que cele muy particularmente su conducta, que cuide mucho y se asegure del estado de su salud; y que las *madres*, aunque no pongan tablilla, sean responsables de los desórdenes y males de todas clases que sus burdeles pudieran ocasionar. La policía de las mugeres públicas es uno de los ramos á que con mayor zelo y mejor éxito atiende la de Paris. Y esto sin contar con ciertas noticias que solo por su medio pueden obtenerse, y que en algunas circunstancias han sido y pueden ser muy importantes. De todos modos, y sea lo que se quiera de la cuestion teórica de los burdeles públicos, lo que sí es necesario entre nosotros es que no se mire con tanto descuido como hasta aqui la parte de la salud. Contemple la policía los estragos horribles que diariamente hacen en las ciudades populosas las enfermedades sifilíticas, y juzgue si hay algun otro objeto que con mas preferencia reclame su atencion y solicitud.

Despues de escritas las anteriores observaciones se han publicado en un periódico algunas muy sucintas y ligeras, que pudieran parecer contrarias á la opinion que yo sostengo; pero bien examinadas se verá que no lo son. Por cuanto puede colegirse de aquel artículo parece que su autor cree posible que se evite la disolucion reanimando con misiones la amortiguada virtud de los españoles; y en este caso dice que no se deben permitir públicas prostitutas. Y yo digo lo mismo. Siempre que de cualquier modo pueda lograrse que no haya prostitucion, y no la habrá ciertamente si no hubiere quien la pague, es justo y justísimo, útil y utilísimo, necesario y necesarísimo que se destierre del mundo la plaga y el horrible azote de las prostitutas. Pero si, como yo creo, mientras haya en el mundo hombres y mugeres, sean de carne y hueso, y vivan reunidos en ciudades populosas, será eternamente imposible acabar con la juvenil disolucion, la cuestion siempre es la misma, á saber: «En suposicion de que exista este comercio, ¿qué será mejor? ¿que se ejerza sin sujecion á ninguna regla, ó que esté reglamentado? ¿que las personas que á él se dedican esten bajo la inspeccion y vigilancia de los Magistrados, ó que no lo esten, y ni aun sean conocidas?» Esta, vuelvo á decir, es la cuestion: decídala el mas estirado teólogo y mas piadoso político; y con estas ó aquellas restricciones vendrá necesariamente á coincidir con mi opinion. *Si es necesario que haya escándalos*, disminúyase á lo menos el número de los males que deben ocasionar. Y para esto ¿qué remedio? No perder de vista y tener á raya á las personas que escandalizan. Yo á lo menos no hallo otro.

Sobre los auxilios que de justicia reclama la desvalida vejez en su indigencia, ¿qué puede hacer un simple y oscuro particular mas que elevar al trono su voz, y clamar y pedir que en toda gran poblacion, y á lo menos en las capitales de provincia, se establezcan hospicios en que los pobres inválidos sean mantenidos, y se les ocupe en aquel género de trabajo que puedan desempeñar? El ejemplo de otras naciones, y entre nosotros mismos el magnífico hospicio de Cadiz cual estuvo en otro tiempo (en el dia no sé si continúa como entonces), han demostrado prácticamente la utilidad, las ventajas y el poco ó ningun coste de semejantes establecimientos. ¿Qué digo coste? Un hospicio bien dirigido puede dejar todavía utilidades y ganancias despues de cubiertos los gastos.

Respecto de los hospitales, nada puedo añadir á lo mucho que se ha dicho y escrito sobre la materia. Una sola observacion importante se me ocurre, y es que los hospitales se han de mirar no solo como establecimientos útiles y necesarios para la curacion y asistencia de los enfermos pobres, sino como escuelas de medicina. Algo de esto se hace entre nosotros; pero aun no se saca todo el partido que se pudiera de estos vastos depósitos de enfermos y enfermedades. Deben arreglarse de manera que no se presente en ellos una dolencia cuya historia no se escriba, ni fallezca una persona sin que se abra y examine su cadáver, consignándose en un registro el resultado de la inspeccion cadavérica. ¡Cuán distantes estamos de la perfeccion aun en aquellos ramos en que nos creemos mas adelantados y sabios!

Acerca del último instante de la vida, en que el hombre cesa de estar ya bajo la accion de la ley, hay todavía dos circunstancias en que puede ejercitarse la proteccion benéfica del Gobierno: la certeza de la muerte, y el lugar del enterramiento. Sobre lo primero nada tendria yo que decir habiéndose dado ya oportunas providencias para que ningun cadáver sea inhumado hasta pasadas 24 horas del fallecimiento, y si este fuere repentino, hasta cumplidas 48; pero habiendo sido testigo de que en los pueblos pequeños no se observa esta orden con la puntualidad que merece, no puedo menos de clamar contra el abuso de enterrar por la mañana á todo el que ha fallecido en la tarde y noche anterior, aunque solo hayan pasado 4, 6, 10, ó lo mas 12 horas desde el instante en que se le supone finado. Este abuso, contra el cual clamó ya en su tiempo el juicioso Padre Feijóo, existe todavía en algunas partes, y es menester que desaparezca. Son tan dudosas las señales de muerte actual, y hay tantos ejemplos de personas tenidas por muertas cuando solo estaban asfixiadas, y que fueron enterradas vivas en esta falsa creencia, que la sola posibilidad de que una vez se repita tan horroroso y cruel asesinato, basta para que no se tolere el menor descuido en materia tan delicada y trascendental. En cuanto al lugar del enterramiento, estando ya mandado que en todos los pueblos se construyan cementerios, y habiéndose adelantado mucho en la ejecucion de esta ley tan benéfica, sabia y necesaria, no tocaria yo el punto si con este motivo no tuviese que hacer una observacion importante, y que se refiere directamente al objeto de esta obra, y es la siguiente. Claman en alta voz los jacobinos que la ley es, ó debe ser, la expresion de la voluntad general; que el legislador debe consultar para todas ellas la opinion pública; y que cualquier providencia que abiertamente la contraríe, es por solo este hecho injusta, bárbara, tiránica y abominable. Muy bien; pero yo les pregunto: la ley que prohibió los enterramientos en las iglesias, ¿fue justa, útil, sabia, benéfica y paternal, ó no lo fue? ¿Debió darse, ó no debió darse cuando se dió? Paréceme que nadie dirá que fue injusta, perjudicial, necia, inhumana y opresiva, y que no debió promulgarse. Está bien; pero vuelvo á preguntar: esta ley ¿fue la expresion de la voluntad general? ¿fue conforme á la opinion pública? ¿No fue al contrario resistida y desobedecida por largo tiempo, y no en uno ú otro pueblo, sino en casi todos ellos, y no por solo el capricho de los clérigos, sino á instancias y con general aprobacion de sus habitantes? Hoy mismo ¿no hay todavía muchos y muchísimos lugares en que aun no se ha construido el cementerio fuera de poblado? Y en aquellos en que ya se hallan establecidos, ¿quántas dificultades han tenido que superar para conseguirlo las personas ilustradas que conocian toda la importancia y utilidad de lo que mandaba el Gobierno? ¿Y qué se infiere de aqui? Que cuando la ley es buena en sí misma, y útil ó necesaria, el legislador debe darla sin curarse de que sea ó no la espresion de la voluntad general: basta que sea la expresion de la verdad, de la razon y de la justicia; y que esa que se llama opinion pública puede ser, y lo es muchas veces, errada, funesta, brutal y contraria al interes mismo de los que estan imbuidos en ideas equivocadas, ó dominados de ruines pasiones, ó preocupados por miras de interes personal; y que en este caso es necesario que el legislador, ayudado de la casi imperceptible minoría de los hombres verdaderamente ilustrados, se atreva á tener razon contra la inmensa mayoría del vulgo ignorante, y que á despecho y pesar suyo le haga todo el bien que ahora no conoce y algun dia conocerá, bendiciendo la mano poderosa y benéfica que le hizo feliz por fuerza. Si porque el pueblo, y en este número entran muchos hombres con peluca, resiste una providencia de buen gobierno no se hubiese de promulgar, ¿habria á estas horas un buen alumbrado en Madrid? ¿estarian limpias y empedradas sus calles? ¿no pisariamos aun la deliciosa marea, y oiriamos los armoniosos gruñidos de los cerdos de S. Anton? ¿Quién ignora cuánta resistencia opuso nuestra heróica manolería y una muy buena parte de los que no son manolos, á las útiles y acertadas providencias del Gobierno, y cuán saludable fue el teson constante con que las hizo ejecutar Carlos III, á pesar del amañado motin que se hizo estallar para que no tuviesen efecto? ¿Y quién no bendice hoy la memoria de aquel juicioso é incomparable Monarca? Aprendan pues en él los Soberanos, cuando tengan razon en lo que mandan, á no arredrarse por los impotentes ahullidos de esa que llaman opinion pública, siendo por lo general la opinion de una secta, de un partido, y cuando mas, el resultado de secretas insinuaciones enviadas á los pueblos por ciertos intrigantes cortesanos. Obren bien, que la verdadera opinion pública, aunque al principio no parezca favorable, ella se pondrá de su parte, y no se tardará mucho. Solo el Príncipe es el que ilustrado por sus Ministros y Consejeros legítimos puede saber, y sabe, lo que conviene: el pueblo, lo que se llama pueblo, no sabe por lo comun lo que se pide; ó por mejor decir, solo pide lo que sus directores inmediatos le mandan ó le aconsejan que pida. De esto se volverá á hablar en su lugar.

Entretanto, el ejemplo solo que acabo de citar, y las breves reflexiones que me ha sugerido, bastan para refutar el jacobinísimo principio de que las leyes y los Gobiernos deben dejar *entera y absolutamente libre* la accion del interes particular. Imposible es inventar una doctrina mas falsa, funesta y antisocial. Lo es en tanto grado, que si se practicase literalmente, seria preciso abandonar las poblaciones, renunciar á la sociedad civil, é irse á vivir en los desiertos, como los solitarios de la Tebaida. Y no parezca exageracion. Examinemos brevemente lo que sucederia entre los hombres si se dejase libre y desencadenada la accion del interes individual, y resultará tan claro como la luz que las cavernas de los montes serian preferibles á las sociedades gobernadas por aquel principio, y la soledad una mansion mas segura que los pueblos en que cada particular pudiese hacer impunemente lo que exigiese su particular conveniencia.

Déjese libre la accion del interes privado al tiempo de fundarse las ciudades, y despues de fundadas para todo lo que concierne á su aseo, conservacion y salubridad; ¿qué resultará infaliblemente? Que cada particular se apoderará de la porcion de terreno que mejor le cuadre, y edificará su casa de la manera que le parezca mas cómoda, sin curarse de si quita la luz y perjudica á su vecino, si la calle saldrá derecha ó torcida, ancha ó angosta, transitable ó intransitable para tal ó cual punto determinado etc. etc.; que contento cada uno con asear lo interior de su habitacion, arrojará á la calle las inmundicias de todas clases, y la ciudad entera se convertirá en una inmunda cloaca y un asqueroso muladar; que nadie querrá gastar su dinero para iluminar de noche y empedrar siquiera las aceras de su casa; que al reedificar los edificios que se arruinen, cada uno se tomará dos, tres, quatro, cinco ó mas pies de la propiedad comun; que uno levantará una torre de Babel dando cinco, seis ó siete pisos á la casa que construye para alquilarla, y otro que quiere habitarla por sí mismo la dejará en cuarto bajo, ó á lo mas en principal; que el uno pondrá el corral á la entrada, y el otro las zahurdas, las caballerizas ó las cocheras, etc. etc. Y no se diga que estas son arbitrarias suposiciones, es la historia de todos los pueblos antiguos, que aun existen, para testigos irrecusables, y la de los que todavía no tienen una buena policía;

es decir, de todos aquellos en que la accion del interes particular no está sujeta á las órdenes del Gobierno, y no es dirigida y reglamentada por sabias disposiciones. Recórranse, no la Turquía y los Estados berberiscos, sino las naciones mas civilizadas, y en sus antiguas poblaciones se verán todavía vestigios de la antigua barbarie; es decir, de aquellos siglos felices en que no habiendo aun buena policía urbana se dejaba libre y muy libre la accion del interes particular. Compárense luego esos restos de las antiguas poblaciones con las nuevamente construidas bajo reglas dictadas sabiamente por los Gobiernos municipales, y dígase de buena fe si son mayores los inconvenientes que resultan de que el interes público y general limite y regularice la accion del privado é individual, ó los que son inevitables cuando este obra sin sujecion á ninguna regla. Que hablen entre nosotros las nuevas poblaciones de Sierramorena, Cadiz, la Barceloneta y algunas otras, y el mismo Madrid tan mejorado en sus edificios y su limpieza desde el reynado de Carlos III; que hable la Inglaterra toda convertida en un tablero de damas en el espacio de un siglo; que hablen Paris, renovado y hermoseado en el espacio de 20 años, Marsella en su parte nueva, Burdeos, y aun las moriscas ciudades de Montpellier y Nimes en sus nuevas construcciones; que hable toda la América inglesa, y decídase luego si es mas ventajoso dejar sin rienda al interes privado, que obligarle á concurrir á la comodidad general.

Dejemos ya las poblaciones materiales, y veamos qué seria de los pobladores mismos si estuviese absolutamente libre la accion del interes particular, y si la ley no les estorbase hacer cuanto les pide su tan recomendado interes. Demasiado lo estamos viendo. Si á cada uno se le dejase hacer lo que mas cuenta le tiene, el carnicero, prescindiendo de la fidelidad del peso, nos daria la oveja mortecina por carnero sano de la Alcarria, y la vaca sarnosa por buen cebon de Galicia; el salchichero y el pastelero rellenarian sus embutidos y pasteles con carne de perro, caballo, burro, y quiera Dios no añadiesen alguna tajada humana, como ya hizo un pastelero de Paris; el bodegonero y fondista nos darian gato por liebre, y los besugos apestados; el botillero venderia las bebidas estadizas, y si se le dejase las prepararia en cobre mal estañado; el boticario daria raiz de retama muy bien molida, cuya libra le costaria tres cuartos, en lugar de la corteza peruviana que vale tres ó cuatro duros etc. etc., porque es inútil extender enumeraciones que cualquiera puede hacer.

No hablemos de lo que haria si se le dejase libre el interes privado de los proveedores, mayordomos y sirvientes en los hospitales, hospicios, colegios y demas establecimientos; ni de lo que harian los sargentos, cabos y rancheros en los cuerpos militares, si no se vigilasen y castigasen sus picardías. No hablemos tampoco del buen orden y aseo que habria en los mercados públicos, si la distribucion y colocacion de los puestos se dejase al arbitrio de los mismos vendedores; ni descendamos á otra infinidad de menudencias importantes en la policía de los pueblos. Lo dicho basta para que resulte tan demostrada como las verdades matemáticas la siguiente proposicion: «En ninguna materia que tenga conexion con la comodidad, salud y bien estar de los hombres, puede dejarse libre la accion del interes individual sin que resulten gravísimos daños y terribles inconvenientes:» proposicion, que como se ve, es precisamente la contradictoria de la máxima jacobínica que me propuse refutar. Pues asi son todas las insignificantes palabrotas y vagas generalidades á que tan gratuitamente se ha dado el título de *principios.* Aquí se ve demostrativamente. Si hay en política una verdad incontestable, un verdadero principio, es el de que cabalmente los hombres se han reunido en sociedad y han establecido leyes y Gobiernos para que las leyes y los Magistrados dirijan, sujeten y regularicen la accion del interes particular, y la hagan concurrir, quiera ó no quiera, al interes general. ¿Qué seria de las naciones si á cada individuo se le dejase hacer todo lo que su interes privado le inspira y le aconseja? En aquel dia no solo acabaria la sociedad, sino que el género humano todo se pondria en estado de guerra perpétua, y despues de una larga lucha acabaria por desaparecer de la tierra. No hay arbitrio: el interes del que no tiene, es robar al que posee; el del ofendido, es vengarse del agresor; el del que vende, engañar y estafar si puede al que compra; el de éste, pagar por el género menos de lo que vale, etc. etc. etc.

Y no se diga que el interes privado que se opone al general es un interes mal entendido, y que de este no se habla. 1.° Aun concediéndolo, como la experiencia de sesenta siglos nos ha probado que los individuos entienden mal su interes, resulta al fin que es necesario y muy necesario que la ley y los Magistrados se le hagan entender, mal que les pese, y entrar por el camino derecho. 2.° Es falso que solo el interes particular mal entendido sea el que está en contradiccion con el interes general: hay muchas, y muchísimas ocasiones en que los individuos, obrando por un interes muy bien entendido, pueden incomodar y perjudicar á sus convecinos. La verdulera que sale de su puesto á importunar á los que pasan para que la compren sus espárragos ó coliflores, entiende bien y muy bien su interes, porque así venderá mas que estándose quieta en su puesto; pero este su interes tan bien entendido no es el de los que cruzan por aquel parage: el de estos exige al contrario, que el paso esté libre y desembarazado de cualquier tropiezo ó estorbo que retarde su camino, ó les obligue á dejar la acera y á meterse de pies en el arroyo. El interes muy bien entendido del pordiosero es acometer á todo yente y viniente, porque entre tantos alguno dará limosna; pero el interes del que pasa, y aun el de toda la sociedad, es que el pordiosero esté recogido en un hospicio en donde gane su alimento sin ser gravoso á sus convecinos, etc. etc. Vuelvo á repetir, y repetiré todavía muchas veces, lo que ya dije con otro motivo: «este es el mundo real: el de los jacobinos, y aun el de ciertos economistas, solo se hallará en los espacios imaginarios.»

§. 2.°

Proteccion contra los males y daños que pueden causarnos los individuos privados.

Es tan evidente que en el estado de sociedad todos tenemos derecho á que las leyes y el Gobierno nos preserven en cuanto es posible de este género de males, que en efecto la mayor parte de las leyes criminales y civiles se hacen con este objeto. Las civiles, arreglando todo lo perteneciente á las cosas y á las personas, se proponen impedir que estas no se usurpen unas á otras astuciosa y fraudulentamente sus respectivos derechos y pertenencias; y las criminales se oponen igualmente á que con violencia se perjudiquen unos á otros los individuos en los bienes que se llaman naturales y de fortuna; es decir, que procuran evitar por medio de los castigos que los individuos abusando de su fuerza fisica ó de su maña se causen uno á otro el menor daño en su vida, salud, honor y bienes. Esta és cosa harto sabida, y en ella convienen todos. Asi no es esta verdad notoria la que yo me propongo ilustrar, porque seria perder el tiempo, no habiendo ni pudiendo haber un hombre racional que la impugne, sino tocar ciertas cuestiones en las cuales, como en tantas otras de las que llevamos examinadas, ha procurado el jacobinismo introducir su veneno.

Ante todas cosas es menester separar lo que directamente pertenece á la seguridad personal, de que aqui se está tratando, y lo que no se refiere á ella sino de un modo indirecto. Esta es la legislacion civil. Todas sus disposiciones tienen por objeto asegurar los derechos de los individuos, é impedir que los unos usurpen los de los otros; y como usurpándolos se causa cierto daño al particular á quien se le usurpan, es evidente que las leyes civiles se dirigen tambien á impedir cierto género de daños; peró no son estos de los que se trata cuando se habla de la seguridad personal, son, como he dicho, los que directamente ofenden la persona. Y aun respecto de los bienes, si estos se comprenden en el número de las cosas que la sociedad debe proteger por el principio de la seguridad general, no es en el concepto de simples propiedades consideradas como tales, sino en cuanto de su pérdida resulta cierto daño personal al dueño á quien se le roban. No tenemos pues que hablar aqui de la legislacion civil, ni de la especie de proteccion que nos dispensa, sino de la que debemos á las leyes llamadas criminales. Limitándonos pues á estas, hay que distinguir todavía el código que las contiene, los tribunales que las aplican, y la fuerza pública que asegura su ejecucion. De los tribunales ó jueces hablaré en el párrafo siguiente: aqui me limitaré á los códigos criminales y á la fuerza protectora.

Relativamente á las leyes criminales, no se esperará sin duda que yo presente un proyecto de código penal, ni que discuta las reglas generales que deben tenerse presentes para formarle; porque ni es propio de este lugar, ni semejante obra puede serlo de un hombre solo. ¡Quiera Dios que aun reunidos varios sabios jurisconsultos acertasen á darnos una buena legislacion criminal! Por el ensayo que hicieron nuestras liberalísimas Córtes, y por las fundadas críticas que mereció su informe compilacion, ha podido conocerse cuán dificil empresa es la de clasificar y graduar todos los delitos posibles, y asignar á cada uno la pena correspondiente. Lo que yo me propongo pues en esta parte, es hacer una observacion sencilla, pero importante, que sugiere la misma dificultad de la obra, y decir algo sobre las famosas cuestiones de la pena capital y del derecho de perdonar.

La observacion es la siguiente: Si por confesion de los mismos jacobinos, y aunque ellos no lo confesaran, por evidencia notoria, es empresa tan árdua y tan dificil la de formar un buen código criminal; si el legislador que haya de componerle debe reunir al estudio mas profundo de la legislacion en general, gran conocimiento del mundo y del corazon humano, y una instruccion casi universal en las ciencias morales, y no ser del todo forastero en las exactas y físicas; si ademas debe estar dotado de una prudencia consumada, de una sensibilidad exquisita, y de una rectitud inalterable para que ni la excesiva compasion ni el acalorado zelo le desvien una línea del punto medio que separa el justo castigo por un lado de la demasiada lenidad, y por otro de la crueldad inútil, ¿habrá todavía quien pretenda y pueda sostener con firmes y valederas razones que las leyes deben ser la expresion de la voluntad general? Aun prescindiendo por ahora de las políticas y civiles, en las cuales, ya que no sea menor la dificultad que en las criminales, á lo menos los errores no son de tanta consecuencia, y pueden repararse y enmendarse despues que se cometieron; cosa que no se verifica en las últimas, porque al muerto no se le puede resucitar, ni al azotado quitarle de encima los azotes que recibió; ¿cómo las penales, si han de ser sabias y justas, pueden ser en ningun caso la expresion de la voluntad general? Supongamos, por imposible, que todos los habitantes del vasto imperio de Rusia se juntan en una inmensa llanura para discutir y decretar un proyecto de código criminal; ó para que no se diga que hacemos suposiciones absurdas, demos que los solos ciudadanos activos se constituyan en asambleas primarias á la francesa, ó en juntas parroquiales á la española, y que se les presenta no cada cuestion en sí misma para que la discutan y resuelvan, sino la resolucion ya dada; es decir, que se les manda, no que formen ellos el código, sino que voten artículo por artículo el que se les entrega ya formado. ¿Qué responden y decretan los ciudadanos rusos; y lo mismo seria poco mas ó menos de los alemanes ó franceses, sobre cada una de las infinitas, delicadas y dificilísimas cuestiones que ya se les dan resueltas? ¿Que se resolvieron con acierto, ó que es desatinada la solucion? Cualquiera cosa que digan será decir por decir; porque de cada diez mil, uno solo tal vez no tendrá la instruccion que se necesita para decidir con conocimiento de causa. Y sin este conocimiento, ¿qué será esa decision de la multitud? ¿á qué se reducirá esa voluntad general? A una resolucion aventurada y arbitraria, á un capricho irracional: porque claro es que sin motivos muy poderosos y fundados, y sin instruccion en la materia, es una temeridad adelantarse á juzgar. Pasemos mas adelante. No supongamos que el pueblo en persona haya de sancionar las leyes, como pretende Rousseau: téngase por suficiente la decision de un cuerpo legislativo, y sea este mas ó menos numeroso, y esté compuesto y formado de esta ó aquella manera, la que mejor agrade. O todos sus individuos son jurisconsultos, ó no lo son. Si lo son, tendremos entonces que un cuerpo de letrados es el que discute, hace y decreta las leyes, y que estas por consiguiente serán la expresion, no de la voluntad general, sino de la de cierto número de legistas. Si no pertenecen á esta clase todos los legisladores, y hay entre ellos labradores, artesanos, militares, simples teólogos, matemáticos, físicos, químicos, diplomáticos, rentistas, empleados de otros ramos, literatos, poetas, médicos, cirujanos, boticarios, músicos y ensaladistas, ¿qué resultará? Que todos estos señores tendrán que pasar por lo que hagan los leguleyos de oficio, ó si se empeñan en enmendarles la plana, dirán y harán tantos solemnísimos disparates, cuantos necesariamente hacen y dicen siempre los que se meten á hablar de lo que no entienden: en suma, que ó serán votos de reata, y juzgarán *sobre palabra*, ó formarán un código penal monstruoso, impracticable é injusto. La primera parte, con algo de la segunda, la hemos visto ya prácticamente en nuestro salon de Córtes. ¿Qué voluntad expresó el celebrado Código criminal que nos dieron nuestros sabios representantes? La de la comision que le presentó; y si se hicieron en el proyecto algunas ligeras alteraciones, las indicaron otros legistas. Y los demas señores ¿qué parte tuvieron en tan importantes leyes? La de sentarse y levantarse para ir aprobando á docenas artículos y títulos enteros, sin entender las mas veces ni aun los términos legales en que estaban concebidos. Este, vuelvo á repetir, es el mundo de la tierra, es el mundo real, y á esto se reducen, añado, los cuerpos legislativos, las representaciones nacionales: á que en resolucion se hace en todo y por todo la voluntad de dos ó tres docenas de individuos que ó tienen mejor charla, ó saben un poco mas que sus colegas, ó son mas atrevidos y petulantes. Los demas, es decir, las nueve décimas partes, alzan y bajan la cabeza maquinalmente como los *santis-baratus*, y forman la comparsa de la comedia. ¡Ah pueblos, pueblos! ¿hasta cuándo os pagaréis de palabras, y os dejaréis guiar y conducir por charlatanes? Si hay en estas materias una verdad demostrable, es la de que todavía no se ha hecho ni se hará jamas, á no ser en repúblicas como la de San Marino, una ley que haya sido ó sea la expresion de la voluntad general. Y sin embargo su contradictoria ha pasado por un dogma, y lo que es peor, pasa todavía por tal entre los que se llaman grandes hombres. ¡Pobre género humano, y cómo juegan contigo los que se dicen tus doctores y maestros!

La gran cuestion de la pena capital pudiera darme materia, si quisiera ostentar erudicion, para componer un larguísimo tratado; pero como no trato de pedantear, sino de ser útil, la reduciré á términos muy breves y sencillos. No tiene duda que si algun dia llegaran los hombres á un estado tal de moralidad y virtud que *todos* cumpliesen siempre con *todas* sus obligaciones religiosas, domésticas y civiles, públicas y privadas, se podrian abolir y desterrar del mundo no solo la pena capital, sino los demas castigos; y aun llegarian á ser inútiles las leyes todas, menos las que se llaman políticas. En efecto, si los hombres fuesen tan instruidos que por sí mismos conociesen en cada ocasion lo que debian hacer, y tan virtuosos que siempre lo ejecutasen, no habria que hacer otra cosa en las sociedades humanas sino distribuir los cargos públicos y deslindar sus respectivas facultades y comisiones; pero no estamos en este caso. Por desgracia vivimos en un mundo, y en él vivirán todavía luengos siglos las generaciones futuras, en el cual hay un gran número de hombres inmorales, viciosos y corrompidos, á quienes sin embargo pueden contener en sus extravíos y maldades el temor y la vista de ciertos castigos moderados; y otro número, no tan grande, pero mas funesto, de hombres profundamente malvados, incorregibles, endurecidos en el crimen y connaturalizados con él, especie de monstruos con figura humana, á los cuales solo la idea espantosa de la muerte, y la vista de un infamante suplicio son capaces de aterrar y contener; y aun esto cuando no les queda la menor esperanza de que su delito, si le cometen, pueda quedar impune ó ignorado. Semejantes hombres á todo se atreven mientras estan seguros de no morir; porque siempre se lisonjean de que en las reclusiones temporales y aun vitalicias tendrán medio de escaparse, ó una súbita revolucion les abrirá espontáneamente la puerta de la prision, é innumerables ejemplos les prueban que no es infundada su esperanza. ¿Qué castigo habrá pues capaz de intimidarlos y contenerlos? El de la pena capital; y aun este, respecto de algunos y en determinados casos, será tal vez insuficiente. ¿Qué seria pues si se les quitase este freno único, aúnque no siempre tan poderoso como ser debiera? La experiencia lo ha dicho: que se multiplicarian espantosamente los delitos. Asi sucedió en Austria no há muchos años, cuando abolida la pena de muerte por una mal entendida filantropía, fue preciso restablecerla. Y aun cuando la experiencia no lo dijese, la sola razon lo prueba. Nadie niega, ni negarse puede, que siendo el temor de la pena el que retrae al hombre de cometer los delitos, tanto mas eficaz será el temor, cuanto mayor fuere la pena; es decir, cuanto mayor sea el mal con que la ley nos amenace. Y no hay tampoco duda en que todos tenemos á la muerte por el mayor de los males. Si amenazándonos pues la ley con un mal el mas temible de todos, la quebrantamos todavía, ¿qué fuera si solo nos amenazase con males reputados por menores? Que la violariamos con mas frecuencia y facilidad. Esta es una demostracion, ó no las hay en el mundo.

No se infiera de aqui que las leyes penales deben ser nimiamente severas y crueles, é imponer el último suplicio por las mas ligeras y pequeñas transgresiones. Esta seria muy mala lógica; porque las penas legales tienen dos objetos muy distintos y separables, el castigo del delincuente, y el escarmiento de los demas. Y asi, aunque miradas como ejemplos saludables para los que no han delinquido todavía, deberian ser terribles aun en los delitos mas leves; serian inicuas consideradas como castigo. Para que estos sean justos es menester que la cantidad de daño que por ellos se irroga al delincuente sea, no matemática, porque es imposible medirla con el compas, sino moralmente proporcionada á la del daño que él causó á la sociedad. Por esto, aunque para evitar ó disminuir los robos convendria tal vez amenazar con la muerte al que robe una peseta, esta pena, fuera de alguna circunstancia extraordinaria, seria en realidad demasiado cruel y notoriamente injusta; porque el mal que se hiciese al delincuente al ejecutarla, seria incomparablemente mayor que el recibido por el robado, y aun por la sociedad entera. He dicho á no ser en circunstancias extraordinarias, porque estas pueden legitimar lo que en otro caso seria abusivo é injusto. Las circunstancias en que se hace una ley son en efecto las que deben decir si en las penas se ha de atender mas á lo condigno del castigo, que á lo saludable del ejemplo, ó al contrario. En tiempos ordinarios y tranquilos, y entre un pueblo morigerado debe predominar la primera consideracion; en tiempos de revuelta, en el desenfreno de las pasiones, y en una nacion notoriamente pervertida y extraviada, puede inclinarse algun tanto la balanza al extremo del rigor. Esto se entiende en los delitos comunes, que en los llamados políticos hay que atender á otras muchas consideraciones que aqui no es del caso determinar.

Una sola reflexion haré todavía sobre esta importante cuestion, y será un dilema propuesto á los filantrópicos enemigos de la pena capital. No trato de su intencion, respeto la de Beccaria y demas escritores que le han copiado, supongo que fue muy pura, filosófica y humana; pero pregunto: ó tienen por mas terrible que la muerte la prision temporal ó perpétua que proponen substituir, ó miran á esta como menos temible y espantosa. Si lo primero, bajo el título de humanos filósofos, y filantrópicos defensores del género humano, son mas duros, severos y crueles que los sanguinarios códigos y bárbaros legisladores, contra los cuales tan hinchadamente declaman. No hay duda, supuesto que proponen agravar una pena que pintan como demasiado rigurosa! Si lo segundo, mal merecen de las sociedades cuyo bien tanto desean, á lo que dicen; pues lo que debe resultar en su sistema es que se aumente el número de los crímenes, es decir, la suma de los males sociales. Esto tampoco tiene duda por lo demostrado ya. Si con severas penas se delinque como diez, con penas menos temibles se delinquirá como doce, como quince, y ¿quién sabe si como veinte? Este es el hombre. Y si la paradoja de que disminuido el rigor de los castigos debe disminuirse en proporcion el número de los crímenes fuera cierta, y los argumentos en que se apoya fueran concluyentes, resultaría que deben abolirse los castigos todos. Claro: si suavizados como uno se cometen menos delitos, suavizados como dos se cometerán menos todavía: suavizados como cuatro serán los cometidos la mitad menos de los que se cometian en la suavidad de dos, y así progresivamente; de suerte que suavizados del todo, ó lo que es igual, suprimidos, ya no habria delincuentes. ¡Ojalá que llegase este dia venturoso! pero despacito le va; y cuando, por imposible, amaneciera, no será porque se hayan abolido prematuramente los castigos, y el primero de todos el de muerte, sino porque la virtud de los pueblos los habrá ya hecho inútiles y supérfluos. Por ahora estemos seguros de que para los delincuentes no absolutamente incorregibles pueden bastar, segun los casos, los presidios, los arsenales, la prision mas ó menos larga, y otros castigos que no toquen á la vida; pero para ciertas *conciencias cauterizadas* es necesario amedrentarlas y aterrarlas con la vista del cadalso, y aun esta no bastará alguna vez. ¡Qué seria pues si faltase!

No quiero concluir esta materia sin hacer una reflexion utilísima para desengaño de los pueblos. Los revolucionarios franceses se anunciaron como filósofos amantes de la humanidad, como apasionados sectarios de los principios filantrópicos, como discípulos fieles de Beccaria, como enemigos de toda crueldad en los castigos, y aun de todo rigor que no fuese imperiosamente reclamado por la seguridad general: y ¡cuánto no dijeron contra la pena de muerte! ¿Y en qué vino á parar á poco tiempo esta aparente mansedumbre de los tigres, estos engañosos halagos de los crocodilos? En que en solos once meses cayeron mas cabezas sobre los públicos cadalsos, que habian caido en los once ó doce siglos corridos desde la fundacion de la monarquía francesa. Asi son todos los jacobinos. Al principio mucha dulzura y suavidad, mucha tolerancia en la boca, mucha clemencia y humanidad; pero esperad á que se aseguren en el mando, dejadles hacer, y vereis correr, no á arroyos sino á torrentes, la inocente sangre de cuantos no se hagan fautores ó cómplices de sus crímenes.

En cuanto al derecho de perdonar, que no sin razon se llama la mas importante prerogativa de los Príncipes, baste decir, sin entrar en largas, sutiles y quisquillosas discusiones, que si las leyes fueran justas y los tribunales íntegros hasta tal punto que el Soberano pudiese estar moralmente seguro de que el sentenciado á pena capital merecia en realidad este castigo, seria mejor que nunca hiciese uso del derecho de perdonar en los delitos comunes; porque propuesta la pena, lo que mas contiene y escarmienta á los que pudieran ser criminales es la infalible certeza de sufrirla; y al contrario, lo que los alienta y estimula á delinquir es la esperanza, por leve que sea, de evitar el castigo merecido. Por eso se ha dicho siempre, y es evidente por sí mismo, que vale mas una pena menos grave pero inexorablemente aplicada, que otra mas severa si há lugar á la impunidad por cualquier medio que sea. El que sabe que robando, matando ó cometiendo otro crímen de los comprendidos en las leyes ha de ir irremisiblemente á presidio ó á la horca, se abstiene por lo comun de cometerlos; pero el que ya en el acto mismo de ejecutar el delito cuenta con el amigo ó el pariente que en el último apuro podrá obtener su perdon, se entrega en esta confianza á la pasion actual que le aconseja el atentado, sobre cuya ejecucion delibera. No sucede lo mismo con los delitos políticos: en estos por justa que sea la ley y por mas imparcial que supongamos al juez, debe estar expedita siempre la clemencia del Soberano. La razon es, porque los delitos comunes nacen de perversidad y corrupcion, y los llamados políticos pueden ser triste fruto del error, de la ignorancia, de la seduccion, del falso zelo, y hasta de la misma virtud. No es esto decir que hayan de quedar impunes, sino que en general se puede disminuir ó templar el último rigor de los castigos sin tantos inconvenientes como en los crímenes ordinarios. Y en efecto, en estos casos es donde mas brilla la clemencia de los Príncipes. Julio Cesar, Augusto, Tito, y Henrique IV de Francia serán siempre citados con elogio, porque supieron perdonar á sus enemigos políticos, al paso que el triunviro Octavio, Tiberio, Calígula y Neron pasarán siempre por mónstruos de crueldad; no porque no fuesen delincuentes muchas de las víctimas que inmolaron, sino porque sus crímenes no eran de los que en todos tiempos son odiosos y punibles; eran delitos mas bien del tiempo que de la persona.

Llegamos á la delicada materia de la fuerza pública que ha de asegurar la ejecucion de las leyes, proteger á los individuos contra todo insulto privado, y ser el azote y terror de los malhechores. Y ya se conocerá, sin que yo lo advierta, que mi ánimo no es formar la ordenanza general del ejército, ni dar un proyecto de ley orgánica para constituir, clasificar y arreglar las diferentes especies de fuerza armada que deberán admitirse en un Estado; y que no siendo militar, si me entrometiera á dictar leyes sobre una cosa de que no entiendo, diria necesariamente muchos y muy ridículos disparates. Mi objeto es solamente exponer ciertas consideraciones políticas sobre las peligrosas novedades que en tan importante materia han introducido y procuran sostener los jacobinos.

Dejando á un lado y dando por sabida la erudicion histórica sobre *la fuerza armada* en las repúblicas y monarquías de la antigüedad, y sin engolfarnos en mil y mil cuestiones que pudieran agitarse sobre los inconvenientes y las ventajas de sus instituciones militares; omitiendo tambien todo lo perteneciente á los Gobiernos feudales desde la caida del Imperio Romano hasta el reynado de Carlos V; y concediendo por ahora cuanto se quiera decir contra el sistema de ejércitos permanentes, adoptado en Europa desde mediados del siglo XV, de cuya importancia sin embargo hablaré en otro lugar; tomemos las cosas en el estado en que se hallaban al empezarse la funesta revolucion francesa, triste caja de Pandora, de cuyo fondo salieron todos los males de que ha sido víctima la generacion actual, y de los cuales quedará todavía un buen legado á las que se vayan sucediendo: ¡sabe Dios por cuántos años!

En todas las naciones europeas habia entonces, como se sabe, un ejército permanente y reglamentado, y sujeto á la mas severa disciplina, cuyos gefes todos, desde el cabo de escuadra hasta el Capitan general, eran nombrados por el Gobierno ó inmediatamente, ó en su nombre y con su aprobacion por los respectivos Comandantes de los cuerpos. En algunas partes, como en España, habia ademas ciertos regimientos formados y organizados bajo la misma planta que los de línea, pero que no servian sino cuando eran llamados en circunstancias extraordinarias, y solo se reunian en ciertas temporadas para ejercitarse en el manejo del arma y en las evoluciones militares. Y á lo mas habia tambien en algunas ciudades unas cuantas compañías de milicia urbana, la cual unida con los inválidos cuidaba de mantener el orden á falta de guarnicion permanente. En consecuencia, toda la fuerza armada estaba en manos y á disposicion del Gobierno. El ejército de línea, porque él le formaba y *reformaba* como tenia por conveniente, porque de él recibia la paga, las raciones, el vestuario y armamento, porque la oficialidad era su hechura, y de él solo esperaba sus ascensos y recompensas. La milicia provincial, porque puesta sobre las armas quedaba sujeta á la ordenanza general, y porque los oficiales, aunque elegidos entre las personas hacendadas y distinguidas de las provincias, debian al Gobierno esta honrosa distincion; y si bien eran mas libres para retirarse que los del ejército permanente, estaban tan sujetos como estos al Príncipe ó Magistrado supremo mientras no dejaban la charretera, el baston ó los galones. La milicia urbana sobre ser poco numerosa era tan insignificante, que solo existia en algunos pueblos, y aun alli para nada ó para muy poco se contaba con ella, y de todos modos dependia únicamente del Gobierno ó algun Magistrado nombrado por este; y su oficialidad recibia tambien el título ó la patente del gefe militar á quien tocaba esta eleccion. De aqui resultaba que en resolucion y bien examinado el punto no habia en las naciones un cuerpo armado á quien el Gobierno no hubiese puesto las armas en la mano; que ninguno podia hacer uso de ellas sino á la voz de gefes nombrados por él, de orden suya, y para los fines que él se proponia; y que en consecuencia todo militar era fiel, ciego y obediente ejecutor de la voluntad del Príncipe ó Gobernante supremo del Estado. De aqui resultaba tambien que la fuerza armada era, como debe ser, el firme baluarte del Gobierno establecido, y el enemigo mas formidable de los revoltosos y perturbadores del orden, cualquiera que fuese el color de su librea; y que si algun pueblo ó provincia se levantaba contra la autoridad legítima, pronto acudian las bayonetas á sujetarla y ponerla de nuevo bajo el imperio de la ley. Y si algunos paises, como la Holanda, Portugal y los Estados-Unidos, lograron substraerse á la antigua dominacion, fue porque al cabo de algun tiempo llegaron á crear un ejército regular, y tomaron auxiliares á su sueldo, ó llamaron á su socorro tropas veteranas de otras naciones interesadas en sostener su rebelion.

Bien conocieron pues los hombres turbulentos que en el siglo último se coligaron para destruir las monarquías europeas, trastornar el orden establecido, y regenerar el mundo entero reduciendo á práctica las absurdas teorías imaginadas por ciertos entusiastas y acalorados soñadores; bien conocieron, digo, que jamas podrian realizar su desatinado y abominable proyecto si no empezaban por desacreditar, corromper, destruir y aniquilar los ejércitos y las tropas regladas existentes; y, por si esto no se conseguia del todo, si no lograban crear una fuerza popular independiente de los Gobiernos, interesarla en su favor, y acaudillarla ellos mismos para derribar, apoyados en ella, todos los tronos de la tierra, y aun todos los Gobiernos que no fuesen democráticos á su modo. A este fin les prepararon el camino los pseudo-filósofos del partido, honrando siempre á los militares reglamentados con los títulos de satélites de los tiranos, apoyos del despotismo, azote de las naciones, genízaros asalariados, máquinas con fusil, autómatas sin voluntad, héroes de cinco sueldos (ocho cuartos y medio), y otras muchas lindezas de este género. Luego se pasó á pintarlos como la causa única de la ruina de los Estados, se exageró su coste, se atribuyó la despoblacion á su celibato, y se procuró hacerlos sospechosos á los mismos Príncipes cuyos tronos defendian, y odiosos á las naciones cuya paz interior y exterior aseguraban. Para lo primero sirvió muy bien el ejemplo de las cohortes pretorianas y el de los genízaros de Constantinopla, que no dejó de citarse, aunque uno y otro nada probaban en buena lógica contra los modernos ejércitos europeos; y para lo segundo no se dejaron tambien de desenterrar los huesos de los guerreros ciudadanos de Maraton, las Termópilas, y Platea. A esto se añadió la comparacion entre las legiones de Mario, Sila, Pompeyo, Cesar, Antonio y Augusto con los virtuosos ejércitos de los Brutos, Valerios, Camilos, Decios, Cincinatos y Fabricios: estos fundaron ó sostuvieron la libertad, y aquellas la destruyeron. Mas como la erudicion histórica no está al alcance del populacho, que no sabe si Maraton y Platea son ciudades ó provincias de la China, se echó mano de la sátira y lo ridículo; y por desgracia la afeminada corrupcion de algunos oficiales currutacos del último tiempo, sus relajadas costumbres, la venalidad de algunos grados, y otros abusos que en la milicia, como en todas cosas, se habian introducido, fueron muy buenos temas para generalizar la opinion de que el soldado era una carga del Estado, inútil, pesada, y al mismo tiempo despreciable; y que era necesario volver á la sencillez de los tiempos republicanos de la Grecia y de la antigua Roma, en los cuales todo ciudadano hábil era soldado de oficio, pero solo tomaba las armas cuando el enemigo invadia el territorio; iba, le vencia, y se volvia tan contento á manejar la esteva ó el azadon.

Todas estas maquinaciones no bastaron sin embargo: los Príncipes se obstinaban en tener guardias que custodiasen sus palacios y defendiesen sus personas; y sus *infames* cortesanos, es decir, los que deseaban la conservacion del trono, les habian hecho creer que *en el estado actual de los conocimientos humanos* el arte de la guerra se habia hecho una profesion dificil que requeria largo y larguísimo aprendizage; y que si ahora vinieran al mundo, no ya los trescientos de Leonidas, sino los diez mil de Maraton y los cuarenta mil de Platea, y el mismo Aquiles con los cien mil valientes que asolaron la orgullosa Troya, serian envueltos, derrotados, deshechos y aniquilados en pocas horas por un par de divisiones que sostenidas de unas cuantas baterías supiesen dar cuatro de esas vueltas á la prusiana que llaman evoluciones y maniobras. Fue pues necesario al estallar la revolucion ganar ante todas cosas á estos mismos autómatas con fusil, acariciándolos con el lisonjero título de ilustres defensores de la patria, halagándolos con la esperanza de que algun dia serian llamados *ciudadanos cabos y sargentos*, y prometiéndoles por añadidura el reynado de la igualdad, tierras, y á mal andar el saqueo de los ricos propietarios y comerciantes. Pero por si todo esto no alcanzaba, se añadió el último y mas importante recurso, que fue el de armar *en masa* al paysanage para que con su número oprimiese y aniquilase las mercenarias falanges del tirano. Y ya se deja entender que al ponerle las armas en la mano, y al formar las compañías y batallones de esta milicia ciudadana, se tendria buen cuidado de que el desgraciado Príncipe que debia descender del solio no eligiese y nombrase los comandantes, oficiales, sargentos y cabos, y de que *organizada* ya la fuerza no estuviese á las órdenes del Gobierno superior, sino de los Magistrados populares de su distrito.

Ya se conocerá que hablo de la famosa guardia nacional, creada, organizada republicanamente, y desde su nacimiento empleada por la Asamblea de Francia para derribar el trono; y nadie habrá tan ignorante y forastero en la historia de las calamidades y los horrores de la revolucion francesa, que no sepa que sin esta invencion filosófica ni se hubiera planteado la Constitucion de 1791, ni el Sol hubiera visto el luctuoso y ensangrentado 10 de Agosto de 1792, ni en el ilustrado siglo XVIII se hubiera dado el escándalo de la septembrizacion, ni el bondadoso y nimiamente confiado Luis XVI y su inocente familia hubieran regado el patíbulo con su preciosa y augusta sangre, ni la de seis millones de hombres hubiera corrido inútilmente por los cadalsos y en los campos de batalla, ni la Europa hubiera sido teatro de tantos y tamaños desastres como ha sufrido, ni la América española y portuguesa estarian hoy entregadas á la devastacion y anarquía, ni nuestra infeliz patria hubiera sido invadida por Buonaparte, ni nuestro Príncipe hubiera sido arrastrado prisionero desde la capital hasta la Aduana de Cadiz, ni la generacion actual se veria expuesta á las horribles convulsiones que todavía amenazan, ni las venideras serian víctimas de los males que acaso les aguardan, y en cuya comparacion habrán sido los nuestros ligeros ensayos, sombras pasageras, y simples imitaciones teatrales. Si: es preciso predicarlo en alta voz para desengaño de los Reyes y de los pueblos: la sábia, filantrópica y liberalísima invencion de la guardia nacional, ha sido, es y será, donde quiera que se introduzca, el poderoso agente de las revoluciones populares, el instrumento de los demagogos, y la máquina de que se valdrán los jacobinos para acabar con todas las monarquías. Bien cerca y bien á nuestra costa hemos tenido la prueba. ¿Cuál fue el primer cuidado de los perjuros de 1820 apenas pudieron tremolar impunemente el estandarte de la rebelion? Crear, fomentar á toda costa y organizar á la francesa la guardia nacional española, bajo el engañoso título de milicia local y voluntaria. Dueños eran del ejército de la Isla, corrompídole habian, contaban con la casi totalidad de los otros cuerpos, las lógias encendian y atizaban por todas partes el fuego voraz del jacobinismo, y mil escritos abortados por el averno avivaban y propagaban rápidamente la llama devoradora; pero bien sabian los caudillos de la faccion que todo esto era insuficiente para llevar á cabo su atrevida y fatal empresa, y que nada habian hecho mientras no tuviesen á sus órdenes una fuerza armada, independiente del Monarca. Conocian que el ejército, aunque engañado y seducido por sus malas artes, podia tarde ó temprano reconocer y detestar su extravío; que á la voz del honor y á la de los antiguos y respetados gefes que no habian doblado la rodilla ante el ídolo de Baal, podia volver á la senda de la fidelidad y la obediencia; que estando á disposicion de los gobernantes, estos mismos por su interes, ó tendrian que disolver el de la Isla, ó procurarian contenerle en sus furores anárquicos, y que de todos modos los reemplazos anuales podrian traer á las filas veteranas quintos no corrompidos ni empeñados todavía en la carrera del crímen. Era pues necesario precipitar en ella á la incauta y novelera juventud, alistar en las banderas revolucionarias los hombres turbulentos y corrompidos de toda la Península, habituarlos insensiblemente á despreciar al Monarca para que algun dia llegaran hasta insultarle y amenazarle; y en suma, era indispensable para sus planes contar con un millon de hombres mandados por oficiales elegidos por sus soldados, amovibles y dependientes de aquellos mismos que momentáneamente debian obedecerles: en una palabra, un ejército no sujeto al rigor de la disciplina, y solamente dócil á la voz de los masones y jacobinos que compusiesen los Ayuntamientos de todo el Reyno.

Afortunadamente la iniquidad revolucionaria no ha sacado de tan funesta *institucion* todo el fruto que se proponia, porque la España no estaba tan preparada para la revolucion como ellos necesitaban; porque en muchísimos pueblos no pudo aclimatarse esta planta transpirenayca; porque en otros muchos no correspondió á la esperanza de sus autores; porque tres años eran un tiempo demasiado corto para desmoralizar á una generacion educada en otros principios, y porque la pronta intervencion de la Europa no ha dado lugar á que madurasen los amargos frutos que ya empezaban á sazonarse. Pero que el reynado de los pedantes hubiera sido mas largo; que el reglamento de la milicia local proyectado en la penúltima legislatura, y que en parte abortó por prematuro, hubiera llegado á plantearse; que hubieran desaparecido, como ya se consiguió en parte el 7 de julio, los pocos restos del antiguo ejército que aun daban algun cuidado; y al fin hubieramos visto en todas las ciudades cohortes como las seccionarias de Paris, y hubieramos tenido nuestro 10 de agosto, y ¡quién sabe si en seguida nuestro 21 de enero!

¿Y qué resulta de estos hechos recientes, notorios, públicos é innegables? Una leccion general para los Reyes, y una mas particular para el de

España, que hoy reyna como por milagro. Aquella se reduce á que jamas y con ningun pretexto permitan tomar las armas al indisciplinado paysanage sino á falta de tropas regladas, ó en el caso de que en una invasion extrangera sea preciso que todos los hombres hábiles acudan á la defensa de sus hogares; y esta, á que siendo necesario disolver el ejército permanente para formarle de nuevo bajo el pie de la antigua y severa disciplina, se conserven por ahora los cuerpos de voluntarios realistas, pero mandados por oficiales que el mismo Rey designe, ó en su nombre los Comandantes militares de los distritos y provincias; que no esten bajo las órdenes de los Magistrados civiles sino en ocurrencias locales y repentinas, y siempre con sujecion á lo que despues resuelva el Comandante militar; y sobre todo que llegado el dia en que haya un ejército permanente con el cual pueda contarse, una buena y numerosa gendarmería, y una milicia provincial tan honrada, fiel y valiente como la que hubo en tiempos menos afilosofados, se disuelvan los cuerpos no reglados de cualquiera clase y denominacion que fueren; se les recojan las armas: y agradeciendo y premiando con honrosas distinciones sus importantes servicios, se les mande volver á sus ocupaciones ordinarias.

La razon para los Reyes en general es que los batallones llamados nacionales, es decir, compuestos del puro, inexperto é indisciplinado paysanage, solo pueden prestar algun servicio á falta de tropas regladas; y conservados fuera de este caso, es muy temible que hagan uso de sus armas para sostener los partidos, y sean estos del color que fueren. Dos son los objetos de la fuerza armada: mantener la paz y el orden en lo interior del pais, y defenderle contra los enemigos de fuera; y ni una ni otra cosa pueden hacer tan bien como los cuerpos de línea las llamadas guardias nacionales. Ambos extremos están demostrados por la experiencia. Para la policía interior está probado que una compañía de gendarmas vale y hace mucho mas que un regimiento de nacionales: y para pelear en campaña contra enemigos extrangeros, los hechos han desmentido, como siempre, las teorías de los novadores. Invadida la Francia en 1792, la salvaron los restos del ejército veterano, y no los cuatro millones de sus guardias nacionales: estos solo fueron valientes contra el abandonado Monarca, y solo tuvieron habilidad para arrancarle de su palacio, degollar, siendo mil contra uno, á su fiel guardia suiza, y acompañarle al cadalso. Invadida de nuevo en 1793 y acosada por todas partes, la salvaron tambien, no las cohortes populares de las secciones de Paris, y de los departamentos, sino los catorce ejércitos levantados por conscripcion, distribuidos en brigadas, organizados militarmente, sujetos á severa disciplina, y obligados á marchar á la frontera bajo las órdenes de antiguos oficiales y sargentos. Bisoños al principio los conscriptos, se hicieron veteranos con el tiempo; y solo entonces llegaron á ser el terror de sus enemigos. Y á fe mia que cuando los ejércitos reglados antiguos y amaestrados durante veinte años por el uso contínuo de la guerra, hubieron desaparecido entre los yelos de Rusia, los cuatro millones y medio de sus guardias nacionales no preservaron á la Francia de la invasion extrangera, ni estorbaron que los rusos, austriacos y prusianos penetrasen hasta Paris; y si alguno les disputó el terreno todavía y les opuso alguna resistencia, fueron los restos de línea y de la Guardia imperial, no los buhoneros de las ciudades, los mancebos de mercader, y los oficinistas del Gobierno. No hay que cansarse: hacer la guerra es un oficio, y es menester aprenderle, y no se aprende tan pronto. Sobre todo, es necesario que los soldados sean mandados por oficiales que sepan su obligacion, y este aprendizage es todavía mas largo. Ademas, la ciencia y el valor son nada, como se sabe, sin la mas severa y rigurosa disciplina; y esta ni la tienen ni la tendrán nunca los que fuera de la guardia, que les suele tocar de mes en mes, viven siempre en el regalo, y lo que es mas, en la independencia de su casa. El soldado ha de ser soltero, ha de estar acuartelado, ha de tener arregladas, distribuidas y ocupadas todas las horas, ha de estar casi siempre á la vista de sus gefes: estos han de tener sobre él una autoridad punto menos que despótica; no le han de deber nada, han de ser independientes de sus caprichos, y en toda ocasion se le han de mostrar como superiores. Dígase ahora de buena fe si una sola de estas condiciones se verifica en las milicias locales, aunque no sean voluntarias, suponiendo que esten organizadas por el jacobínico modelo de la guardia nacional á la francesa. 1.º Los mejores soldados son casados, y los restantes hijos de familia, criados ó dependientes de los primeros. 2.º Todos viven en sus respectivas casas, y concluido el servicio cesa toda dependencia y subordinacion respecto de sus gefes y oficiales. 3.º Cuando no estan de fatiga, sus horas son todas suyas, y las emplean como mejor les parece, sin que los oficiales sepan siquiera si existen. 4.° Estos son nombrados por los mismos subalternos, son y se dicen sus iguales, les deben aquella temporal distincion de la charretera, tienen que mandarles como quien suplica, mimarlos, contemplarles, y ceder á sus caprichos cuando se empeñan en una cosa; y si quieren tomar el tono alto de la autoridad, son al punto desobedecidos, si ya no son apaleados. ¡Y con semejante tropa se quiere hacer la guerra á ejércitos veteranos! Ya, por dicha nuestra, lo han visto los pedantes gaditanos. ¿De qué les han servido para defender el *sagrado Código* los ochocientos mil voluntarios nacionales, aun sostenidos por los quinientos mil hijos de Padilla? ¿Qué han hecho estas legiones ciudadanas? Echar á correr y esconderse cada cual en su guarida. Y la tan decantada victoria del 7 de Julio ¿á quién la debieron? ¿á los milicianos? Disparate: al aturdimiento é insubordinacion de los guardias españolas, á los cañoncitos y á los artilleros que los manejaban, y á la tropa de línea que hizo armas contra los batallones del Pardo.

En orden á la segunda observacion, no se crea que yo desconozco el servicio que actualmente estan haciendo los voluntarios realistas; al contrario, confieso que mientras no haya un ejército fiel, y sobre todo una buena y numerosa gendarmería, porque á mi juicio por aquí debe empezarse, conviene conservar, fomentar y proteger á los honrados y leales voluntarios que tan gratuitamente estan haciendo el servicio interior de los pueblos en que no hay tropa reglada, ya nacional, ya extrangera. Lo que digo es, que cuando las circunstancias hayan permitido formar un lucido cuerpo de gendarmas, tanto de á pie como de á caballo, y una hermosa guardia Real sobre el pie de la francesa; cuando se hayan restablecido los regimientos de milicias provinciales, segun nuestra antigua usanza, aumentando mucho su número, porque esta tropa, sacada á campaña, se hace pronto veterana, precisamente porque los soldados no son padres de familias; y cuando se tenga ya un ejército de línea no muy grande, pero muy bien escogido y disciplinado: en este caso seria injusto, inútil, y acaso perjudicial, conservar cuerpos de voluntarios, cualquiera que sea su título, ni milicias locales forzadas parecidas á la guardia nacional. Seria injusto, porque pasada la necesidad es una injusticia notoria no dejar libres, para que exclusivamente se entreguen á sus antiguas ocupaciones, al labrador, al artesano, al comerciante y al empleado. Cada uno de ellos, cumpliendo con sus respectivos deberes, hace un servicio mas importante que luciendo por las calles el uniforme y el chacó. Seria inútil, porque habiendo ya por lo supuesto tropa reglada, y pagada para ello, que cuide del orden interior de las grandes poblaciones, es inútil molestar con guardias y retenes á hombres que tienen que cuidar de sus negocios particulares. Seria acaso perjudicial, porque, no nos engañemos, un paysanage libre y armado, aunque hoy defienda la buena causa, puede mañana volver sus armas contra el trono si las circunstancias varían. Una providencia del Gobierno que disguste en las provincias, el aumento de las contribuciones, que es indispensable, las ocultas maquinaciones de los liberales que sin cesar estan minando el edificio de la legitimidad, masones y comuneros introducidos en las filas, resentimientos particulares, ambiciones no satisfechas, esperanzas frustradas, pueden convertir en enemigos del trono á muchos de los que hoy se llaman sus defensores. No hay que cegarse, ni obstinarse en sostener lo contrario: este es el hombre, y la historia de todos los siglos y paises acredita que el populacho es inconstante, y que los mismos que hoy maldicen á los *negros*, mañana cantarán *el trágala*, si ya no es que algunos de ellos le cantaron en su tiempo. Los mismos mismísimos franceses que cuando Henrique IV era vencido gritaban: *vive la Ligue*, se deshacian á gritar *vive le Roy* cuando le vieron triunfante: los mismos que en nuestros dias pedian la muerte y exterminio de los *Capetos*, dicen ahora á voz en grito: «vivan y reynen los *Borbones;*» y entre nosotros, ¡cuántos de los que blasfemaron diciendo: «viva el *santísimo Riego*,» cuando iba en la carretela, habrán pedido su muerte cuando le vieron caido y aprisionado! ¡Príncipes de la tierra, no os fieis nunca de los aplausos populares! Ya sabeis que el mismo pueblo de Jerusalen que el Domingo dice *Hosanna*, dirá el Viernes *tolle*, *tolle*.

§. 3.°

Proteccion contra las vejaciones que pueden causar á los particulares los Magistrados y Oficiales públicos.

Estas, como se sabe, pueden ser innumerables. Todo empleado, si abusa de la porcion de autoridad que le ha sido confiada, puede incomodar y vejar á los simples particulares. Desde el Ministro que recibe con desagrado y trata con aspereza al infeliz pretendiente, hasta el último subalterno empleado en aquel ramo; todo hombre público, asi como puede hacer algun bien, puede tambien causar cierta cantidad de mal á los que mas ó menos estan sujetos á la autoridad que ejerce. Los jueces y sus curiales, los empleados de hacienda, los encargados de la policía, los militares de todos grados, los Magistrados municipales, todos, todos pueden ocasionar, y ocasionan muchas veces, molestias, incomodidades y vejaciones, no necesarias ni merecidas, á cualquiera de aquellos individuos á los cuales se extiende la esfera de su poder: y no hay duda en que las leyes deben prevenir del modo posible estos perjudiciales abusos, y castigarlos con severidad cuando no alcanzaron á prevenirlos. Pero no son precisamente estas vejaciones ilegales contra las que la sociedad debe ponernos á cubierto por el principio de la seguridad personal: son las que con la ley en la mano y sin abusar de su poder pueden causar al inocente los jueces mismos encargados de proteger la inocencia. Mas claro: las vejaciones personales de que se trata, son las que resultan al individuo cuando ó se le impone alguna pena no habiéndola merecido, ó se le condena á una mas grave de la que en rigor merecia: en suma, se trata del daño que pueden causar con sentencias injustas los jueces encargados de fallar los procesos criminales. Algunos comprenden aqui el daño que se irroga con el simple encarcelamiento cuando este es ó injusto ó al menos no necesario; pero ya dije en otra parte que el derecho á no ser uno arrestado arbitrariamente pertenece mas bien á la llamada libertad civil, que no á la seguridad personal. Aqui, prescindiendo de si el individuo está ó no encerrado en una cárcel, con razon ó sin ella, se trata del irreparable daño que le irrogaria la sentencia que injustamente le condenase á una pena corporal ó pecuniaria, considerada esta última como castigo; porque de los daños en los bienes de fortuna que pueden ocasionar con sus injustos fallos los jueces encargados de sentenciar los procesos civiles, se prescinde tambien cuando se habla de la seguridad personal. Contrayéndome pues á las sentencias criminales, voy á examinar con toda extension el gran arbitrio que tanto recomiendan y preconizan los modernos constitucioneros, como el gran sánalotodo, y el único recurso capaz de prevenir y hacer imposible la injusticia de estos fallos. Ya se adivinará que hablo de la famosa institucion inglesa llamada de los jurados, planta exótica, y un si es no es venenosa, que el jacobinismo se empeña en aclimatar en todos los paises; el por qué, ya lo veremos. Pero antes, para que nada falte en esta parte, tocaré tambien, separando de la verdad las vagas declamaciones con que se quiere embrollarla, lo perteneciente al seguimiento del proceso antes de que llegue á punto de sentenciarse.

Supongamos que un individuo, ó por haber sido cogido *in fraganti*, ó porque la sumaria incoada sobre algun delito ofrece suficiente mérito para decretar su arresto, ha sido en efecto reducido al estado de prision: ¿qué derechos le da todavía en este caso el llamado de seguridad personal? Varios muy importantes y preciosos, pero que es necesario no exagerar, y en los cuales, por mas que las leyes hagan, y los pedantes declamen, habrá siempre que dejar mucho á la prudencia del juez. 1.º Que el aposento en que se le ponga no sea húmedo y mal sano, ni esté absolutamente obscuro. 2.º Que ó se le permita adquirir, ó se le suministre un alimento capaz de mantenerle en buena salud durante su detencion. 3.º Que no se le nieguen aquellas otras comodidades ordinarias á que puede estar habituado segun su clase, como ropa limpia, cama, libros, y luz durante la noche. 4.º Que no se le haga daño de ninguna especie para obligarle á declarar. 5.º Que no se le tenga incomunicado mas tiempo que el indispensable para la formacion de la sumaria en la parte que á él le toca. Y 6.º que si resulta inocente, ó si la ley permite la excarceracion bajo esta ó aquella formalidad, no se prolongue indebidamente su arresto. Esto es cuanto pueden exigir la mas acendrada filantropía y la caridad mas evangélica;

pero en todos estos puntos hay que distinguir de personas, y esto es en lo que nunca quieren entrar los señores jacobinos; porque si lo hiciesen, se privarian de las únicas armas de que pueden valerse con algun fruto para seducir al vulgo. Léanse sus furibundas declamaciones relativas á este punto, y no se verán mas que grillos, cadenas y potros, calabozos subterráneos, alimentos escasos é insalubres, crueldades inauditas, carceleros inexorables, espectros animados, cadáveres ambulantes, víctimas del despotismo etc. etc. Algo, y aun algos, hay de cierto en esta parte, y ¡ojalá no hubiese tanto! pero es necesario descender á muchos pormenores para que á todos los presos no se les mida por un rasero.

Primeramente, el lugar del arresto puede sin injusticia no ser el mismo para todos. El comun de los ciudadanos puede ser conducido á la cárcel pública; pero un Príncipe de la sangre, si el Rey mandase arrestarle por motivos que hubiese para ello, un Cardenal, un Obispo, un General, un

Grande, un Ministro, un Juez togado, y aun otros empleados de cierta clase, deben ser tratados con alguna distincion. Su casa misma, un convento, otro edificio particular, una fortaleza, pueden y deben servir para prision de los altos personages, sin que deba darse por ofendida mi señora la *igualdad.* Y ve aqui echado por tierra de un solo golpe el gran *principio* constitucional con que tanto alborotan los jacobinos: á saber, que la prision adonde se conduzca al presunto reo sea una casa preliminarmente reconocida por tal, y destinada á aquel triste ministerio. ¿Y por qué, mentecatos? ¿Qué ley divina ni humana, ni qué derechos del hombre, ni qué igualdad pueden exigir que, no digo á un personage condecorado, pero ni aun al simple ciudadano si está enfermo, se le lleve á la cárcel pública? Solo por esta última circunstancia, ¿no se le podrá poner preso en su misma habitacion? Y aunque esté sano y robusto, ¿se deberá encerrar en la mansion de los malhechores comunes al Ministro infeliz, que honrado y virtuoso por otra parte, haya cometido alguna falta que le haga merecedor de castigo? No se hablaba de filantropía y de humanidad en el siglo XVII y en el bárbaro pais de nuestra España, tanto como se ha charlado en el XVIII y en la cultísima Francia; y sin embargo D. Rodrigo Calderon salió de su casa para el suplicio; pero el desgraciado Luis XVI estuvo preso en el Temple, y su hermana y su esposa salieron para la guillotina desde la prision ordinaria de la Consergería. ¿Y quién fue mas humano, racional y verdaderamente filósofo, el santurron de Felipe III, ó la jacobina Convencion francesa? Felipe III, suponiendo que su Ministro fuese en verdad delincuente, le trató por lo menos con humanidad, y se portó con él como caballero: los filósofos de Francia trataron como tigres á su inocente Monarca, y se portaron como pillos que se complacian en humillar y degradar á la persona augusta ante la cual habrian temblado mil veces. ¡Pueblos de la tierra! *ab uno discite omnes.*

Lo mismo debe decirse, para no andar repitiendo las mismas observaciones, en orden á la habitacion, comida, cama y asistencia de los presos: hay que distinguir de personas. Un cuarto seco, pero sin esteras, un buen jergon con dos mantas, tres cazuelas de sustancioso potage con un pan de municion, una silla en que sentarse, una camisa limpia cada domingo, es un trato regalado para el salteador de caminos que de ordinario dormiria sobre el duro suelo en las cuevas de los montes, y para el triste pordiosero que alimentado con la galopa de un convento se recogiese antes en algun muladar ó estercolero; pero seria un trato inhumano para una señorita delicada, y aun para el hombre acostumbrado à las delicias de la vida. A estos ya se les puede conceder, sin que la igualdad se ofenda, un cuartito mas abrigado, una cama con colchónes, una comida mas fina, una mesa y algunos muebles, libros, si ellos los pidieren, luz hasta la hora de recogerse, y otras mil bagatelas indispensables para el aseo á que estan acostumbrados. Y sepan los españoles para su consuelo, que en esta parte hay por lo general mas humanidad en nuestras cárceles que en las de Francia y otros paises que se tienen por mas civilizados que nosotros. Aqui, si el preso puede pagar cuarto de alcayde, está con bastante comodidad durante todo su arresto, esté ó no incomunicado; pero en Francia tanto se ha predicado la igualdad, que si el reo está lo que se llama sin comunicacion *(au secret)*, se le trata como á un perro, aunque sea un gran personage. Y si se duda, preguntarselo al General Donnadieu: vivo está, y no me dejará mentir: impresa corre la historia de su prision.

En cuanto á la bárbara costumbre de emplear los dolores fisicos para hacer que declare el reo, nada tengo ya que decir: abolido se halla el tormento, asi entre nosotros como en las demas naciones cultas; pero debo hacer dos observaciones. La primera es, que aunque este triunfo de la humanidad se ha debido en parte á la elocuencia de algunos escritores verdaderamente filósofos, no son los del siglo XVIII los únicos ni los primeros que alzaron su voz contra la inhumana ley de la tortura, herencia preciosa que nos dejaron las democráticas y muy libres repúblicas de la antigüedad griega y romana. Ya varios Padres de la Iglesia, y señaladamente S. Agustin, habian defendido y perorado la causa de la razon; y entre los publicistas modernos el célebre Grocio, á quien Rousseau tanto acrimina como á fautor y patrono del despotismo de los Reyes, habia decidido para siempre la cuestion con el argumento sin réplica, «*mentietur qui ferre poterit, mentietur qui ferre non poterit:*» reflexion profunda que en nueve palabras encierra ella sola una larga disertacion. En efecto, si el reo á quien se atormenta puede aguantar los dolores, negará su crímen aunque sea delincuente; si no puede, le confesará sin haberle cometido. La segunda es, que no basta haber abolido la tortura; es menester desterrar de las prisiones las cadenas, los grillos, las esposas, los perrillos ó prisiones de apremio, y en suma, todo rigor y toda molestia corporal que no sea absolutamente indispensable para evitar la fuga de los presos. Yo bien sé que esta última razon puede autorizar todavía en las cárceles mal seguras el uso de los grillos y los cepos; pero la humanidad pide que á la mayor brevedad se construyan prisiones seguras sí, pero cómodas y sanas, ó que se destinen á este uso otros edificios que reunan estas tres importantes circunstancias.

En orden á que la incomunicacion y el arresto no se prolonguen mas de lo que imperiosamente exija la buena sustanciacion de la causa, solo debo advertir que en esta parte nada se adelanta para evitar la arbitrariedad con la tan decantada disposicion constitucional de que en el término de 24 horas se le tome declaracion al presunto reo. Palabrotas que en la práctica se reducen á pura conversacion. Si las leyes particulares sobre el modo de enjuiciar no evitan luego con acertadas providencias las maliciosas, voluntarias é inútiles dilaciones, nada ha conseguido el preso con que á la hora de entrar en la cárcel le hayan tomado *pro formula* una insignificante declaracion. No hay cosa mas facil despues de tomada que dilatar dos ó tres años la conclusion de la causa. Asi en todas materias venimos á parar en que las verdaderas *garantías sociales* no estan en el papelote, sino en las leyes particulares. A estas hay que recurrir en último resultado, y á ellas se atendrá siempre todo el que no sea un impostor, ó no se pague de palabras.

Supongamos ya concluido el proceso y á punto de sentenciarse: examinemos con toda imparcialidad si será mas ventajoso, no solo para el Estado, porque el interes general no debe ser desatendido, sino aun para el mismo reo, que las causas sean falladas por un tribunal compuesto de letrados, ó por simples particulares constituidos jueces para solo aquel negocio; ó lo que es lo mismo, decidamos de una vez por las luces de la razon, y no por principios de anglo-manía, si el juicio por jurados ofrece al reo y á la sociedad mas *garantias* de ilustracion é imparcialidad que el juicio de los tribunales colegiados tales como existen en España. Para proceder con cuanta claridad es dable, explicaré primero, porque algunos lectores no lo tendrán bien sabido, lo que es el famoso *jury* de los ingleses y de sus hijos los anglo-americanos, y despues examinaré estas tres cuestiones que abrazan completamente la materia: 1.ª Tratándose de declarar á uno por inocente ó por reo, ¿cuáles estan mas expuestos á equivocarse en su juicio, los antiguos, prácticos y acreditados legistas, ó los simples particulares no letrados? 2.ª ¿Quiénes por regla general deberán ser mas imparciales en sus juicios? 3.ª Suponiendo, lo que por lo menos no es imposible, que la sentencia de los unos ó de los otros sea injusta, ¿en qué sistema será mas facil reparar esta injusticia, en aquel en el cual por su misma esencia no se permite ni se puede permitir apelar del fallo pronunciado, ó en aquel en el cual ó se permite ó se puede permitir la apelacion? Resueltas estas tres cuestiones, todavía para que nada se eche de menos responderé al grande argumento sacado de la legislacion inglesa y americana, y revelaré por corolario el profundo misterio de iniquidad en que se funda el tenaz empeño con que los jacobinos procuran establecer la institucion de los jurados en todo pais que quieren hacerle republicano.

En cuanto á lo primero, sin entrar aqui en prolijas indagaciones históricas y legales sobre el origen, las facultades y las obligaciones de los jurados, asi en Inglaterra como en los Estados-Unidos; noticias que el lector hallará reunidas en la obra de Phillips traducida al castellano en el año de 1821, baste decir que la diferencia entre la práctica española y la inglesa (dejemos á un lado la de Francia, donde tambien hay un simulacro de *jury*, y las de Alemania, Austria, Rusia y otras naciones donde no le hay), se reduce á lo siguiente. En España, cometido un delito, tomado conocimiento por el juez á quien compete, instruido por escrito el proceso, y llevado por todos los trámites señalados en la ley, es sentenciado ó por el mismo juez, si por sí solo forma juzgado, pero con remision á la Audiencia ó Chancillería del territorio, ó por la Sala del crímen á que pertenece el juez que formó y completó la sumaria. En este caso, si es en la Corte, la sentencia necesita para ejecutarse de la aprobacion del Rey; pero en las provincias es ejecutada inmediatamente, salvo en algun caso en que se haya mandado consultarla con la superioridad. En Inglaterra y América, cometido el crímen, un juez toma conocimiento, recibe la informacion sumaria, arresta, si puede, al reo y cómplices, escribe mas ó menos (en América es poquísimo); y hechas estas primeras diligencias se sacan por suerte cierto número de ciudadanos particulares entre los que tienen el derecho de ser jurados, los cuales, supuestas ciertas formalidades, declaran que há ó no há lugar á proceder criminalmente contra el que aparece reo. Hecha la declaracion, si es afirmativa, cuando llega el caso de la sentencia se eligen del mismo modo otros cuantos ciudadanos, distintos de los primeros, los cuales constituidos definitivamente en tribunal, despues de apuradas las recusaciones permitidas, y habiendo oido *in voce* las declaraciones de los testigos, la defensa del reo, y la acusacion fiscal, para hablar á nuestro modo, responden por *si*, ó *no*, despues de haber conferenciado entre sí en sala separada y á solas, á las cuestiones que les ha propuesto el juez que preside el tribunal. Estas cuestiones son las necesarias para calificar de reo al acusado ó declararle inocente: por ejemplo: ¿N. ha cometido tal crímen? ¿le ha cometido con premeditacion? En caso de no haber llegado á consumarle, ¿empezó por lo menos á ejecutarle? El no haberse completado, ¿ha sido efecto de alguna causa accidental independiente de su voluntad etc. etc.? porque ya se conoce que estas cuestiones pueden y deben variar, y ser mas ó menos numerosas segun los casos. Si por las respuestas de los jurados no resulta reo el acusado, el Presidente le declara absuelto, y es puesto inmediatamente en libertad sin pagar costas ningunas; pero si en efecto aparece culpable, pronuncia el Presidente la sentencia en estos términos, poco mas ó menos: «Estando prevenido por el artículo tantos de tal ley, que el que hubiese cometido tal delito con tales y tales circunstancias sea condenado á muerte, v. g.; y habiendo declarado el *jury* que N. es reo del delito previsto por el artículo tantos de la citada ley, esta condena á N. á la pena de muerte, y al pago de las costas procesales, reparacion de daños, si los hubiese, etc. etc.» Dada la sentencia se ejecuta en América irremisiblemente; pero en Inglaterra hay algun raro caso en que es permitido obtener del Rey el perdon ó conmutacion de la pena. En Francia se permite recurrir tambien al tribunal llamado de Casacion (de anulaciones pudieramos llamarle nosotros), el cual ó anula el proceso si encuentra alguna informalidad en cualquier punto de su actuacion, y en este caso le devuelve al mismo tribunal, ó le pasa á otro para que le instruya de nuevo desde el primer acto nulo; ó no hallando ninguno de esta clase, declara que no há lugar á *Casacion*, y la sentencia se ejecuta, salvo tambien el derecho de perdonar que el Rey se ha reservado en la Carta, y que alguna vez ejerce.

ERRATAS

EN ALGUNOS EJEMPLARES DEL TOMO I.

Pág.	*Lin.*	*Dice.*	*Léase.*
14..	13	ellas	ella
387..	11	menos	mas

TOMO II.

Pág.	*Lin.*	*Dice.*	*Léase.*
16..	18	encargarle	encargarles
41..	20	lo	le
85..	1	nostros	nosotros
168..	1	bienen	bienes
278..	18	mezquino	mezquina
380..	12	corteza peruviana	bórrese la palabra *corteza*

Ingram Content Group UK Ltd.
Milton Keynes UK
UKHW020954100523
421517UK00008B/221

9 781272 321062